고객서비스 실무

Preface

오늘날 우리는 기업의 슬로건으로 '고객 만족'이라는 표현을 사용하는 것을 주변에서 자주 볼 수 있다. 기업의 입장에서 보면 고객을 만족시키는 것은 결코 쉬운 일이 아니다. 고객들의 수준과 기대는 나날이 높아지고 고객의 요구는 세분화, 다양화되기 때문에 기업에서는 늘 연구하고 개선하지만 언제나 부족하고 또 부족한 것이 '고객 서비스'이다.

본 내용에 들어가기 앞서 생각해보자. "고객 만족 서비스란 무엇이라고 생각하는가?" 고객 만족 서비스의 정의를 내렸다면 다시 한 번 더 생각해보자. "고객 만족 서비스를 위해 서비스인은 어떻게 응대해야 하겠는가?"

고객 서비스를 위해 접점에서 서비스인들이 실천해야 할 자세와 응대 방법은 다양하다. 실전 경험을 통해 고객 서비스를 체험한 이들이라면 스스로의 경험을 토대로 자신만의 응대법을 구축해가고 있겠으나, 고객 서비스를 처음 실천하는 이들이라면 고객 응대에 대해 미숙할 가능성이 크다. 방법을 모른 채한다면 열심히 하면 할수록 힘이 들고, 그것은 개인뿐만 아니라 기업으로서도 손실이 아닐 수 없다. 열심히 하는 것과 잘하는 것의 차이는 다른 것이며, 우리는 잘하는 서비스를 위해 기본적인 방법을 배울 필요가 있다.

본서는 향후 서비스 산업체에 근무하게 될 서비스 관련 전공자들에게 서비스 마인드와 기본 매너 및 고객 응대법을 습득하게 함으로써 전문 서비스 인재 양성에 도움이 되고자 한다.

제 1장에서는 고객서비스에 관련된 내용들을 정리하여 그 의의를 살펴보았다. 세부적으로는 고객서비스를 잘 수행하기 위해 필요한 종사원과 기업에서 필요한 요건들에 대해 생각해 보고, 고객 서비스 성공사례와 실패사례를 함께 살펴보았다.

그리고, 서비스의 특징과 극복방안을 함께 학습할 수 있도록 구성하였다.

제 2장에서는 서비스에서 기본적으로 갖추어야 할 이미지 메이킹에 대하여 살펴봄으로써 서비스인이 갖추어야 할 표정과 복장 등에 대하여 구체적으로 학습할 수 있도록 구성하였다.

제 3장에서는 국제화 사회에서 반드시 필요로 하는 비즈니스 매너에 대해 전반적으로 숙지할 수 있도록 실무 중심으로 구성하였다. 먼저, 매너와 에티켓에 대한 의의를 통해 명확한 정의를 공부하도록 하였고, 인사, 악수, 명함, 소개, 상석배치 등에 관한 매너를 실생활에 유용하게 활용할 수 있도록 정리하였다. 또한, 호텔매너와 여행매너에 대한 기본적인 사항을 공부하여 매너와 에티켓을 잘 발휘할 수 있는 방법에 대해 서술하였다.

제 4장에서는 이문화간 커뮤니케이션의 의의와 그 중요성에 대하여 학습할 수 있도록 구성하였다. 구체적으로는 기본적인 각 나라별 인사법, 음식문화, 그 외 특별한 문화 등을 학습함으로써 문화간의 충돌을 완화하고 각 나라의 문화를 존중할 수 있는 기본 마음가짐을 갖출 수 있도록 하였다.

제 5장에서는 청각적인 요소 중 가장 많은 부분을 차지하고 있는 전화응대에 대해 학습하도록 하였다. 전화응대는 기업과 자신을 나타내는 첫 이미지이자 첫 만남이 될 수 있는 매우 중요한 부분으로써 본 장에서는 전화응대의 기본자세 및 훈련을 숙지하여 실생활에 적용할 수 있도록 구성하였다.

제 6장에서는 언어적인 요소와 비언어적인 요소를 다룸으로써 서비스커뮤니케이션의 올바른 활용법 및 화법 방법론을 학습하여 호감가는 서비스 언어를 구사할 수 있도록 구성하였다.

제 7장에서는 고객들의 다양한 유형을 파악하여 적재적소에 가능한 응대법 및 의사소통을 하는 기법을 훈련함으로써 6장에서 학습한 기본 내용을 좀 더 세부적으로 학습할 수 있도록 구성하였다. 또한, 자신과 타인에 대한 이해와 존중을 바탕으로 서비스인으로서 각 유형에 맞는 대화법을 활용할 수 있도록 하였다.

제 8장에서는 불만고객응대법에 대한 내용을 사례를 통해 학습할 수 있도록 하였다. 불만 발생의 주요원인이 무엇인지 살펴보고, 불만고객의 감정단계를 학습하여 대응훈련을 실전연습 할 수 있도록 구성하였다.

마지막으로 9장에서는 고객접점(M.O.T)관리를 학습하여 각 접점별 중요사항 및 고객과 직원의 입장차를 확인한 후 MOT사이클을 만들어 분석할 수 있도록 구성하였다.

이 처럼, 다양한 서비스 실무 훈련을 통해 자신과 나아가 자신이 속한 기업의 이미지를 상승시키고, 서로간의 존중과 배려가 뒷받침이 되는 매너와 에티켓을 학습함으로써 글로벌 리더로 거듭날 수 있는데 도움이 되길 바라며, 부족하지만 무엇보다 서비스매너에 관심있는 분들에게 참고가 될 수 있는 서적이 되길 희망한다.

끝으로 이 책이 나올 수 있도록 도움주신 한올출판사 임순재 사장님. 편집부 최혜숙 실장님 외 임직원 분들께 진심어린 감사의 인사를 전한다.

심윤정 · 신재연

Contents

Chapter
06

고객유형별 응대

Chapter
07

전화응대

고객서비스실무

Chapter
08

불만고객 응대

Chapter
09

고객접점(MOT)

고객 서비스 **실무**
Customer Service

Chapter
01

고객 서비스의
의의

CUSTOMER

SERVICE

고객서비스의 의의

이 장을 읽기 전 아래의 문항에 답해보시오.

1. 서비스는 유형성을 띠고 있어, 확인이 용이하다.

　　YES　　　　　　　　NO

2. 상품보다 전달하는 종사원의 서비스 질이 더 중요하다.
　　1　　　　　2　　　　　3　　　　　4　　　　　5
　　(전혀 그렇지 않다)　　　　　　　　　　　(매우 그렇다)

3. 나는 서비스의 정의를 명확히 알고 있다.
　　1　　　　　2　　　　　3　　　　　4　　　　　5
　　(전혀 그렇지 않다)　　　　　　　　　　　(매우 그렇다)

01 고객서비스(친절서비스)

1 고객서비스의 의의

고객서비스Customer Service는 재화나 서비스 상품을 구입한 고객에게 제공하는 사전 및 사후 관리서비스를 말한다. 또한, 서비스산업에서 경쟁우위를 확보하는 데 매우 광범위하게 활용되고 있다. 기업에서의 고객서비스 역할은 무한경쟁시대에 있어서 성공적인 기업활동을 이끌어나가는 데 중추적인 역할을 한다고 할 수 있다. 이는, 기업활동을 함에 있어서 모든 절차가 고객으로부터 시작하여 고객으로 끝나는 철저한 고객중심적 사고를 하여야만, 그 기업은 성장하고 발전할 수 있는 시대가 되었기 때문이다.

그렇기에, 고객서비스는 기업 간의 경쟁우위를 확보하는 방편이자, 고객을 확보하고 재창출해내는 일련의 활동이라 정의할 수 있다. 때문에 많은 기업들은 끊임없이 변화해 나가는 고객들의 필요요소를 파악하고, 충족시키는 과정을 통해 고객들과의 관계 강화에 많은 노력을 기울이고 있다.

2 좋은 서비스를 갖추기 위한 요건

앞서 살펴본 바와 같이 기업에서의 고객서비스는 기업을 유지하고 발전시키는 데 반드시 필요한 성공요소 중의 하나가 되었다. 얀 칼슨의 「진실의 순간」의 저서 중에서도 "소매업에서는 가격이 하루 만에 똑같아지고 상품 품목은 3일 만에 모방된다. 차이를 좁히기 힘들고 따라할 수 없는 것이 서비스다."라고 설명하고 있다. 이러한 서비스가 성공적으로 잘 이루어지기 위해 종사원이 갖추어야 할 필요요건과 기업이 갖추어야 할 필요요건을 함께 살펴보자.

(1) 종사원이 갖추어야 할 필요요건

1 기술

종사원에게 필요한 요건을 먼저 살펴보면, '기술'이라 할 수 있겠다. 그렇다면 서비스가 기술이 될 수 있을까?

기술의 사전적인 의미는 영어로는 skill훈련 등으로 얻은, technique전문적인, technology과학·공업 등의로서, 무엇인가를 만들어내거나 또는 성취하는 방법을 뜻한다고 할 수 있다. 이제껏 기술이 단순히 인간생활에 유용하도록 가공하는 수단의 하나였다면, 21C에서의 기술은 그 범위가 확장되고 있다. 예로, 과거 기술에는 건축, 공업, 무기제조, 운전 등이 있었다면, 이제는 서비스도 기술영역의 하나에 포함하고 있기 때문이다.

고객서비스에 있어서의 기술이란, 종사원의 커뮤니케이션 기법, 이미지 관리, 서비스마인드, 그리고 종사원 개개인만의 재주 등을 통해 고객과의 관계를 도모함과 동시에 재방문을 이끌어내어, 서로 간의 WIN-WIN 관계를 유지하는 데 필요한 능력 혹은 역량을 말한다. 서비스 기술에 속해 있는 세부요소들은 뒷장에서 좀 더 세세하게 다루어 보기로 하고, 우리들 각자 고객서비스에서 어떠한 기술을 갖추어 근무하고 있는지 혹은 준비하고 있는지 생각하여 보자.

2 목표의식

기업에서는 외부 환경과 내부 환경의 변화에 관계없이 항상 목표를 설정하고 이를 수행하기 위한 목표관리를 하고 있다. 이를 통해 직원 개개인은 조직의 장기적 비전에 맞추어 주체적으로 자신의 개인목표를 설정하고, 설정된 목표와 기획을 통해 적극적인 실행을 위한 자가 목표관리를 하고 있다.

이와 같이 기업에서도 형식적인 측면에서 직원 개개인의 업적을 평가하는 것이 아니라, 직원의 자발성과 책임 있는 행동을 통해 인사시스템을 관리하고 있다.

1994년 위스콘신 대학 연구진 결과에 따르면, 목표의식을 가진 사람과 그렇지 않은 사람들을 대상으로 단어 퍼즐처럼 두뇌를 사용하는 과제에서부터 통나무를 베고 자전거 페달을 밟는 신체활동에 이르기까지 모든 영역에서 뚜렷한 성과 차이를 보였다고 한다. 이처럼 목표의식을 가진 벌목꾼들은 그렇지 않은 사람들에 비해 같은 시간에 더 많은 나무를 베었고, 운전기사들이 트럭에 실어 나르는 통나무의 양도 법적 허용치의 60%에서 90%로 많아졌다.

따라서 직원 개개인의 목표의식과 관리는 자신의 개인 역량발전의 성과에도 밀접한 관련이 있으며, 나아가 개인과 조직이 함께 성장할 수 있는 튼튼한 밑거름이 될 수 있다.

1 : 1.6 : 1.62이라는 공식이 있다.

일을 할 때 남이 시켜서 일을 하는 경우의 능률이 1이라고 한다면, 자발적으로 하는 경우는 1.6배, 능동적으로 즐기면서 하는 경우의 능률은 1.62, 즉 2.56배의 성과를 낼 수 있다는 것이다. 결국 두 배의 성과 차이도 각자의 목표의식의 유무에 달려 있다는 것을 알 수 있다. 목표를 하나씩 실천하려는 자세를 갖출 때 그것이 실력이 되고, 결국 승리자로 남게 될 것이며, 더 나아가 기업의 성공도 가져올 수 있다. 결국, 기업의 고객서비스 경영이 성공적으로 이루어지기 위해서는 직원 한 명 한 명의 목표의식이 매우 중요하다 할 수 있다.

보통 우리는 습관적으로 상대방과 스스로를 비교하며, 불만을 가지거나 불행하다고 느끼는 경우가 많은데, 진정한 승리자는 어제의 나와 오늘의 나를 비교하고, 현재 자신의 목표성과가 어느 정도 달성되어 있는지 평가하는 사람이 아닐까?

"우리에게 필요한 것은 아무런 긴장도 없는 안락한 상태가 아니라, 스스로 선택한 가치 있는 목적을 위해 애쓰고 노력하는 것이다."라는 빅터 프랭클의 말처럼, 적당히 이루었다고 생각될 때 긴장의 끈을 놓으면 성장은 정체되고, 그 시간이 길어지면 자연히 퇴보할 수밖에 없다는 사실을 잊지 말아야겠다.

(2) 기업이 갖추어야 할 필요요건

1 내부고객 만족

서비스산업에서 인적 자원이 차지하는 비중은 매우 크다. 인적 자원을 통해 경영활동을 수행하고 매출과 이윤을 창조한다는 점에서 직원의 직무만족도나 직무수행 능력은 기업의 경영성과와 직접적으로 연결되어 있다.

일반적으로 고객지향성이 높은 서비스 종사자들은 제조업에 비하여 외부고객의 필요Needs와 욕구Wants를 직접적으로 충족시켜야 하는 업무환경에 놓여 있기 때문에, 더 질 높은 서비스를 제공할 수 있도록 하기 위해서는 서비스 기업의 내부고객 만족 방안과 그 중요성의 문제에 관해 깊이 새겨볼 필요가 있다.

그래서 현재 많은 기업에서 내부고객의 고객지향성을 증대시키고, 개개인의 능력이 발휘될 수 있도록 하는 내부 마케팅 활동에 역점을 두고 있다.

실제로 의료서비스 기업인 병원에서도 신규환자고객의 비율이 70~80%가 넘는다면 이는 내부 마케팅이 잘 되어 있는 병원이라고 할 수 있다고 한다. 외부 광고를 하지 않는 경우에는 보통 내부 마케팅을 통한 CRM 구축이 매우 잘 되어 있기에 가능한 것이다. 따라서 좋은 서비스를 제공하기 위한 가장 중요한 요소는 내부고객 만족이며, 동시에 기업의 경영을 성공적으로 운영할 수 있도록 하는 원동력이 된다.

사우스웨스트 항공 허브 캘러허 전 회장은 창립 25주년 기념식에서 '직원, 고객, 주주 중에서 누가 가장 중요한가?'라는 질문을 던졌다고 한다. 여러분은 무엇이라고 생각하는가? 캘러허 전 회장에게는 이 질문이 전혀 문제가 되지 않았다고 한다.

이유는 직원이 바로 첫 번째이기 때문이다. "직원이 행복하고, 만족하며, 헌신적이고 에너지가 충만하면 고객에게 서비스를 잘하게 된다. 고객이 행복하면 그들은 다시 오게 된다. 그러면 그것이 주주도 행복하게 만든다."라는 말에서도 엿볼 수 있듯이 기업이 직원들과 이익을 나누면 나눌수록 손실이 발생하는 것이 아니라 더 많은 이익이 발생한다는 사실을 깨달아야 하겠다.

경영자가 직원을 다루는 방식이 그 직원이 고객을 다루는 방식과 직결되어 있기 때문에, 직원들이 고객들에게 친절하게 대하고, 그래서 고객들이 더 많이 찾게 된다면 그것이야말로 사업에 진짜 이익이 되는 부분이 아닐까?

2 리더십

리더십은 집단의 목표나 내부 구조의 유지를 위하여 성원成員이 자발적으로 집단 활동에 참여하여 이를 달성하도록 유도하는 능력이라 정의하고 있다Naver 사전. 리더십이 과거에는 정치·사회학에서 많이 다루어져 왔으나, 현대에 들어서는 기업이 경영활동을 하는 데 있어 경영학 중에서도 경영관리가 큰 문제로 대두되어 왔고, 경영자의 리더십은 기업의 발전을 좌우하는 것으로서 중요시되고 있다.

그러나 많은 유수의 기업 CEO가 다 훌륭한 리더십을 가지고 있지는 않다. 어떤 경영자는 조직 내에서 자신의 권한을 이용하여 직원을 압박하거나 본인이 회사 내

프랜차이즈업계 "아이디어 좋으면 통 크게 투자합니다."

프랜차이즈업계 및 중소기업에서 내부고객 마케팅이 확산되고 있다. 신제품 개발은 물론 신규 브랜드를 출시할 때도 내부직원의 생생한 의견과 현장노하우를 반영하도록 하는 것이다.

죽 전문점 본죽www.bonif.co.kr은 지난 1월 가맹점주, 가맹점 직원, 본사 임직원 그리고 협력사를 대상으로 제1회 '본 가족 아이디어 공모전'을 개최했다.

대상에 선정된 가맹점주 1명에게는 현금 100만원이 수여됐다. 대상으로 선정된 작품은 가맹점주가 제안한 신메뉴로 올해 출시될 계획이다.

본죽은 직원뿐 아니라 고객 의견도 정기적으로 공모하고 있다. 2010년에는 고객 아이디어 공모전에서 대상을 수상한 '불낙죽'을 출시한 바 있다. '떨어지지 아니한다'라는 뜻을 가진 불낙죽은 수험생들의 수능죽으로 자리잡으며 전 매출의 10%를 차지할 만큼 효자 노릇을 톡톡히 하고 있다.

한편 제너시스 BBQ그룹에서 출시한 떡볶이 전문 프랜차이즈 'BBQ 올떡올리브떡볶이'은 내부직원의 아이디어가 프랜차이즈 브랜드로 출시된 경우다. BBQ 올떡은 지난 2006년 당시 BBQ 소스개발팀에 근무하던 연구원의 아이디어로부터 출발했다. 업체에서 샘플로 가져온 떡에 다양한 소스를 배합하여 신제품을 만들고 사업계획서를 만든 것이 그 시작이었다. 처음에는 값싼 길거리 음식인 떡볶이로 뭘 하겠느냐는 염려와 주변의 부정적인 시선이 많았다. 그렇지만 정부의 쌀 소비 정책과 한식세계화의 흐름에 적합한 아이템이라고 판단한 BBQ회장의 적극적인 지원 덕에 프랜차이즈화될 수 있었다. 올떡을 제안한 연구원은 현재 올떡 브랜드의 전략기획팀장으로 브랜드를 진두지휘하고 있다.

스팀청소기로 유명한 한경희생활과학은 2010년부터 좋은 아이디어를 제안하는 직원에게 최대 1억3,000만원의 포상금을 제공하는 '아이디어 경영' 제도를 시행하고 있다. 매년 인사고과 상위 10%S등급 이상를 대상으로 인사위원회 심의를 거쳐 업무성과 최우수 직원을 선정해 최대 1억원의 포상금을 지급하는 것이다. 회사 측은 직원들의 창의력을 높여 제2의 스팀청소기와 같이 기존에 없던 새로운 상품들을 개발하기 위해 본 제도를 시행하게 됐다고 도입 취지를 설명했다.

본아이에프 이진영 홍보마케팅 팀장은 "내부직원들은 다년간의 현장 경험 노하우로 신선하면서도 실행 가능한 아이디어들을 가지고 있다."며 "직원 및 가맹점주들이 자유롭게 아이디어를 제안할 수 있는 분위기를 조성한다면 그만큼 고객만족도도 높아지는 결과가 될 것"이라고 말했다.

전상희 기자 nowater@sportschosun.com   2012-04-11 15:51

부 사정을 가장 많이 알고 있다고 생각하여 자신의 의견을 강압적으로 관철시키기도 한다. 하지만 경영자가 누구보다도 많이 알아야 하며, 누구보다도 많이 연구해야 하는 것은 바로 다름 아닌, '모든 직원의 역량을 마지막 1%까지 완전히 발휘할 수 있도록 도와주는 방법'이어야 할 것이다.

무한경쟁시대에서 경영을 지속적으로 유지하고 살아남으려면 직원 한 사람 한 사람의 재능을 100% 동원할 수 있도록 동기를 부여하고, 그들의 능력과 아이디어를 효과적으로 끌어낼 수 있는 동기부여형 리더십을 기르는 것이 기업 CEO의 중요한 역할일 것이다.

부정적 기업문화를 긍정적인 문화로 바꾸는 데는 최대 6년이라는 시간이 걸리지만, 직원들의 사기와 생산성을 떨어뜨리는 데는 5분도 채 안 걸린다는 연구결과는 리더가 보여주는 모습이 그대로 직원들에게 투영되기에 말이 아닌 행동으로 보여주는 솔선수범이 요구된다.

3 고객서비스의 성공 및 실패 사례 알아보기

(1) 고객서비스의 성공전략 및 사례

일반적으로 기업에서의 고객만족Customer satisfaction이란 고객이 자신이 지불한 비용보다 제공받은 서비스 품질이 높다고 판단하여, 기업에 대한 신뢰감을 갖게 되고 결과적으로 재방문이 연속적으로 이루어지는 상태를 말한다.

〈그림 1-1〉과 같이 고객만족을 위한 서비스가 중요한 이유를 한번 살펴보자.

첫째로, 고객이 만족 혹은 감동을 받았을 때에는 기업의 제품을 재이용함으로써 충성고객으로 전환되고, 더불어 기업의 판매 및 이윤 증대에 큰 역할을 하여 좋은 구전효과를 기대할 수 있다.

반면에, 고객이 불만족하였을 경우에는 이용을 즉시 중지하거나 경쟁업체 등장 시 곧 이탈을 할 수 있으며, 나쁜 이미지로 낙인되어 결국 판매 및 이용 감소로 이어져 기업이 유지하기 힘들어지는 결과를 초래하게 된다.

박정준 외 5인, 관광과 서비스, 대왕사, 2000

그림 1-1 **고객만족을 위한 서비스를 창조해야 되는 이유**

그러므로 문제가 발생되었을 때 어떻게 대처하느냐에 따라 고객만족 혹은 불만족으로 이어질 수 있게 된다.

1 고객서비스 성공사례

사례 스칸디나비아 항공(SAS)의 예

"맙소사!"

스톡홀름의 북쪽에 있는 알란다 공항에서 미국 비즈니스맨 루디 피터슨은 머릿속이 하얘지는 암담함을 느꼈다. 이 날 피터슨은 사업상 중요한 일을 위해 스칸디나비아 항공편으로 코펜하겐으로 떠나게 되어 있었다. 일행과 공항에 도착해서야 피터슨은 전날 묵었던 스톡홀름의 호텔에 항공권을 두고 온 것을 알게 된 것이다. 피터슨은 코펜하겐에서 열리는 회의에 참석 못하게 됨으로써 사업에 미칠 손실을 머릿속을 온통 휘저어 놓아 아무 생각도 나지 않았다.

애써 모든 것을 단념하려는 순간 바로 앞에 보이는 스칸디나비아 항공사의 담당자에게 사정을 설명했더니 뜻밖에도 기쁜 대답이 나왔다.

"걱정하시 마십시오, 피터슨씨. 탑승하실 수 있도록 해드리겠습니다. 임시항공권을 준비해 드리겠습니다. 그랜드 호텔의 방 번호와 코펜하겐의 연락처만 가르쳐 주시면 나머지 일은 저희가 알아서 처리하겠습니다." 담당자는 당황하고 있는 피터슨에게 밝은 미소를 보내며 말하는 동시에 피터슨을 도와주기 위해 민첩한 행동이 이어졌다. 우선 담당자는 호텔로 전화를 걸어 호텔 직원에게 부탁해서 그의 방 책상 위에 있는 항공권을 찾아냈다. 그리고는 바로 스칸디나비아 항공사의 자동차를 호텔에 보내서 항공권을 가져오게 했다. 일사불란한 조치가 이루어지는 동안 피터슨은 임시항공권으로 여유 있는 탑승 수속을 마치고 대합실에서 일행과 차 한 잔을 마시고 있기만 하면 됐다. 담당자의 빠른 조치로 코펜하겐편 비행기가 출발하기 전에 항공권이 도착했다.

"피터슨씨, 항공권 여기 있습니다." 28p

- 얀 칼슨의 '결정적 순간 15초' 중에서(다산북스)

🔍사례 **리츠칼튼 호텔 사례**

로버트는 미국 출장길에 샌프란시스코의 리츠칼튼 호텔에서 하루를 묵은 적이 있었다. 그는 서양식의 푹신한 베개가 싫어서 프론트에 전화를 걸어 좀 딱딱한 베개를 가져다 달라고 요청하였다. 호텔측은 곧이어 딱딱한 베개를 구해왔고 덕분에 잘 잘 수 있었다. 다음 날 현지 업무를 마치고 다음 목적지인 뉴욕으로 가서 우연히 다시 리츠칼튼에서 묵게 되었는데 아무 생각 없이 방안에 들어간 그는 깜짝 놀랐다. 침대 위에 전날 밤 사용하였던 것과 같은 딱딱한 베개가 놓여 있는게 아닌가.

어떻게 뉴욕의 호텔이 그것을 알았는지 그저 놀라울 뿐이었다. 그는 호텔 측의 이 감동적인 서비스를 잊지 않고 출장에서 돌아와 주위 사람들에게 침이 마르도록 칭찬했다. 어떻게 이런 일이 가능했을까? 리츠칼튼 호텔은 모든 체인점이 항시 공유할 수 있는 고객 데이터베이스를 구축하고 있었고, 데이터베이스에 저장된 정보를 활용해서 그 호텔을 다시 찾는 고객에게 완벽한 서비스를 제공하고 있었던 것이다.

- 리츠칼튼의 고객서비스 성공사례 中에서

🔍사례 **병원 사례**

병원들이 '감성마케팅'에 주목하고 있다.

콘서트 개최, 공연 관람 기회 제공 등 환자와 가족들을 위해 다양한 감성서비스를 제공하는 사례가 늘고 있는 것. 최첨단 시설에서 나오는 수준 높은 진료서비스 그 이상의 무엇을 원하는 고객들을 위해 차별화된 고객서비스 운영으로 그들의 마음까지 치료하려는 병원들의 다양한 시도를 엿볼 수 있다.

부산지역 암센터는 최근 부산대학교병원 응급의료센터 9층 대강당에서 암 환자와 가족들을 위한 행복 찾기 프로젝트 콘서트를 개최했다.

이번 공연은 부산지역 암센터 개원기념으로 암으로 인해 고통받고 있는 암 환자와 가족들을 위로하고자 기획됐으며 가수 김현철과 봄·여름·가을·겨울, 아카펠라그룹 그린티, 그리고 암센터 의료진의 참여로 약 2시간 동안 진행됐다. 공연에 앞서 유방암 환우와 가족, 관심 있는 시민들을 대상으로 '2009 핑크리본 유방암 대국민 건강강좌'도 열렸다. 강좌에서는 건강한 유방을 위한 운동요법, 마음가짐 등에 대해 토론하는 시간을 갖고 참가 시민들에게 책자와 소정의 기념품을 제공했다.

대구 로즈마리병원도 최근 감성마케팅의 일환으로 병원관계자 및 일반고객 자문단 11명을 대상으로 뮤지컬 '지킬 앤 하이드' 공연 관람 행사를 개최해 눈길을 끌었다. 계명아트센터에서 열린 이번 공연 관람은 여성병원의 특성상 주 고객인 여성의 마음을 잡고자 기획됐다. 자문단은 두 달에 한 번 정기적으로 회의를 열고 있으며 여성병원에서 접목할 수 있는 감성마케팅에 대한 적극적인 브레인스토밍이 이뤄지고 있다.

이번 행사를 계획한 이원명 원장은 "앞으로 매년 정기적인 문화모임을 개최할 예정"이라며 "진심으로 고객들에게 웃음과 감동을 주는 병원이 되기 위해 최선을 다하고 고객들의 눈높이를 맞추는 고객 중심 병원이 되기 위해 모든 역량을 쏟겠다."고 밝혔다.

산부인과 전문 나리병원은 아기를 배려한 '감성분만실'을 운영하고 있는 점이 돋보인다. 무료로 운영되고 있는 감성분만실은 아기를 위한 공간이라고 할 수 있다. 지금까지는 진통부터 출산에 이르기까지 작고 좁은 침대 위에서 모든 것이 이뤄졌다면 나리병원 분만실에는 내 집안과 같은 편안하고 아늑한 분위기 속에서 산모의 활동영역을 제한하지 않고 자유롭게 진통과정을 경험하도록 돕는다. 즉, 아기에게 적합한 분위기의 조명, 안정된 주변환경, 생후 첫 한 시간의 엄마와의 자연스러운 피부 접촉, 모유수유 시도, 아빠와의 첫 목욕 등은 엄마, 아빠와 아기와의 자연스러운 접촉을 유도하고 아기의 감성을 자연스럽게 발달시킬 수 있는 시발점을 만들어주고 있다.

병원 관계자는 "분만에 대한 배려는 산모뿐만 아니라 태어날 아기에게도 매우 중요한 요소로 작용하고 있다."며 "엄마와 아기의 분만 순간을 행복하고 의미 있는 순간으로 각인시키고자 노력했다."고 설명했다.

출처: "고객의 마음까지 치료한다"…병원 '감성경영'

의료경제연구소 HERI(Healthcare Economic Research Institute)

2 고객서비스 실패사례

🔍사례 음식점 사례

1. 오랜만에 만난 친구들과 점심을 먹기로 한 상희씨는 날씨도 덥고 해서 점심메뉴로 콩국수를 선택했다.

   콩국수 하나는 기막히게 잘하는 집이 있다고 해서 그곳에 방문하기로 결정.

   한창 바쁠 점심시간이라 음식점 앞에 긴 줄이 서 있었다. 어느 정도 기다릴 거라 예상은 했지만 생각보다 한참을 기다린 후에야 상희씨는 자리에 앉을 수 있었다.

콩국수 세 그릇을 주문한 상희씨 일행은 잠시 후 직원의 태도에 불쾌해졌다.

국수를 가져다주는 직원이 바쁘다는 이유로 국수를 던지듯 내려놓는 것이다. 콩국물이 테이블에 쏟아졌다.

게다가 김치를 담은 그릇도 막무가내로 내놓아 김칫국물까지 옷에 튀었다. 아무리 음식을 맛있게 하는 소문난 대박집이라고 해도 이건 아니다 싶어 상희씨 일행은 다른 음식점으로 향했다.

2. 회사 근처 낙지요리전문점에서 점심을 먹기로 한 고명씨.

푸짐한 낙지볶음과 다양한 찬거리를 6,000원에 맛볼 수 있는 곳이라 평일에는 물론 주말에도 장사가 제법 잘 되는 곳이었다.

회사 동료와 함께 음식점을 찾은 고명씨는 가게 안에 들어서자마자 깜짝 놀랐다. 고객이 앉아 있지 않은 테이블에도 낙지요리와 반찬들이 모두 준비되어 있는 것이다. 오가는 고객이 많아 바쁘다 보니 서빙시간을 단축하기 위해 모든 음식을 미리 차려놓은 모양이다.

바쁜 사정은 어느 정도 이해하겠지만 메뉴를 낙지로 통일하라는 무언의 압박이 있는 것 같아 고명씨는 내심 기분이 언짢았다.

그래도 점심시간이 넉넉지 않아 얼른 먹고 일어나야 했기에 자리에 앉았다. 앉자마자 종업원은 당연하다는 듯이 공깃밥을 테이블에 올려놓고 갔다.

반갑게 맞아주는 인사나 주문도 없이 기계적으로 대하는 태도에 고명씨는 기분이 나빴다.

그리고 미리 차려놓은 반찬은 전부 식고 말라 있었다. 심지어 식사가 다 끝나기 전에 직원이 와서는 반찬 그릇을 치워버리는 것이 아닌가! 불쾌한 고명씨, 다시는 그 음식점에 가지 말아야겠다고 생각했다.

출처: 월간외식경영 9월호 中에서

(2) 고객서비스 성공사례 실천 전략

위 사례들을 통해 고객서비스가 기업성공으로 이루어지기 위해서 필요한 전략이 무엇인지 알아보자.

1 고객과의 관계형성에 최선을 다한다.

고객이 누구인지 그들이 왜 우리 기업을 선택하였는지 생각해보고 고객이 좋아하는 것과 싫어하는 것은 무엇인지 파악하여, 고객과의 관계를 유지하고 더 발전시켜야 한다. 이는, 서비스에 만족한 고객은 긍정적 경험을 다른 사람과 나누어 결국 기업에 새로운 고객을 끌어들이기 때문이다. 위 리츠칼튼 호텔의 사례에서도 알 수 있듯이 고객의 사소한 행동까지 관리해 고객의 감동을 자아내는 것은 고객에 대한 세심한 배려에서 기인되므로 고객과의 관계형성은 매우 중요하다.

"새로운 고객을 유치하는 데 드는 비용은 10불, 그 고객을 잃어버리는 데 걸리는 시간은 10초, 한번 떠난 고객을 되찾는 데에는 10년이 걸린다."는 10.10.10 법칙을 잊지 말자.

2 고객이 기대하는 바를 찾아낸다.

고객들이 원하는 것 중에 기업과 직원이 미처 알지 못하고 있는 것은 무엇인지 생각해본다. 고객의 필요Needs와 욕구Wants를 명확히 파악하여 하나씩 채워주는 과정은 고객에게 기대가치를 실현시켜줄 수 있다.

예로, 고객은 어떤 상품을 구매하기 이전에 그 상품에 대한 '기대'를 갖고 구매한다. 구매 후 자신이 구매 전의 '기대치'와 구매 후의 '기대치'가 얼마나 차이가 나느냐에 따라 고객만족도는 달라질 것이다.

따라서 고객이 서비스를 구매한 후 1%의 사소한 기대 불충족은 결국 재구매 혹은 재방문 실패로 귀결되기 때문에, 고객이 기대하는 바가 무엇인지, 면밀히 분석하고 채워줄 수 있도록 한다. 더 나아가 이제는 고객에게 기대가치만을 실현시켜주는 것이 아니라 미지의 가치까지 고민하고 실현할 수 있도록 노력해야 할 것이다.

3 고객의 권리를 명확히 해준다.

직원들이 고객들의 편에서 근무하고 있다는 것을 상기시켜 주는 작업은 매우 중요하다. 호텔에서는 청결, 편안함, 맛, 친절한 서비스를 누릴 수 있는 권리와, 병원에서는 안정감, 충분한 설명, 정성 어린 의료서비스를 받을 권리를 명확히 해주는 것이 필요하다.

4 일관성을 유지한다.

불가능한 일을 고객에게 약속하기보다, 서비스에 대하여서는 늘 일관성을 유지하는 것이 매우 중요하다. 서비스는 진화되어야 하지만, 그 서비스를 행하는 태도는 늘 일관성이 유지가 되어야 기업에 대한 고객의 신뢰는 더욱 깊어질 것이다.

1. 고객경쟁시대에서의 고객서비스에 대한 나만의 정의를 작성하여 보자.

16 ●

2. 내가 갖추고 있는 고객서비스 기술과 나에게 필요한 서비스 기술을 작성하여 보자.

갖추고 있는 서비스 기술	앞으로 갖추어야 할 서비스 기술

3. 내가 조직에서 반드시 이루고자 하는 목표를 설정하여 봅니다.

장기 목표(10년 후)	단기 목표(1년 후)

4. 목표가 설정되면, 목표를 이루기 위해 앞으로 내가 해야 할 일을 작성하여 봅니다.

* 이야기를 통해 토론하여 봅시다 *

구맹주산(拘猛酒酸) – 개가 사나우면 술이 쉰다.

중국 춘추전국시대(BC 8세기~ BC 3세기)

송나라 어느 주막에 술을 만들어 파는 장씨라는 사람이 있었다. 그는 되를 속이지도 않았고 친절했으며, 술 빚는 실력 또한 훌륭했다. 게다가 멀리서도 술집이라는 것을 확연히 알 수 있게 깃발까지 높이 세워 놓았다. 그럼에도 불구하고 다른 집보다 술이 잘 팔리지가 않았다. 이상하게 생각한 장씨는 마을 어른 양천에게 물어 보았다. 그랬더니 양천이 묻기를 "자네 집 개가 사나운가?", "그렇습니다만, 개가 사나운 것과 술 안 팔리는 것이 상관이 있을까요?"

"사람들이 두려워하기 때문이지. 어떤 사람이 어린 자식을 시켜 호리병에 술을 받아 오라고 했는데 술집 개가 덤벼들어 그 아이를 물었소. 동네에 소문이 날 것이고 동네사람들은 장씨네 개를 두려워하게 되지. 그럼 자연 사람들의 발길이 뜸해지는 거지. 그래서 술이 안 팔리고 맛은 점점 시큼해지는 거요."

술집의 개가 사나워 술이 팔리지 않으므로 술이 시큼해졌다는 송나라 때의 우화에서 나온 사자성어가 바로 구맹주산이라는 말이다. 그 집의 술이 아무리 맛있다 해도 술집 입구에 있는 개가 사나우면 손님들이 자주 찾기는 힘들 것이다. 우리에게도 이 이치는 통할 것이다. 일국의 왕에게 이처럼 구맹과 같은 신하가 있다거나 일개 회사에서 이처럼 구맹과 같은 사람을 잘못 사용한다거나 혹은 일개 개인일지라도 자신의 성품이 이처럼 구맹과 같다면 그 사람은 모든 관계나 대인관계에서 실패할 것은 뻔한 일일 것이다.

자기 신하의 사나움을 없애는 일,
자기 직원의 사나움을 없애는 일,
자기 마음속에 도사린 사나운 개를 없애는 일이 무엇보다도 중요하다.
혹시 나는 조직의 구맹은 아닌가?

02 서비스 특징

서비스는 유형의 제품과 달리 무형성, 생산과 소비의 동시성, 이질성, 소멸성으로 인하여 경영자가 관리하는 데 많은 한계를 갖는다. 따라서 서비스 경영은 결국 이러한 서비스 특성을 잘 활용하고 문제점을 극복하는 과정이라고 할 수 있다.

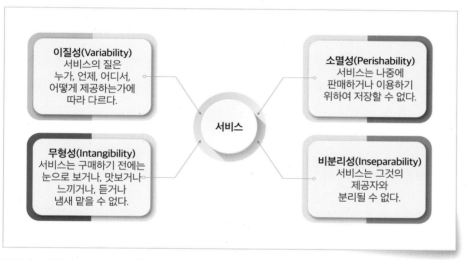

P. Kotler · J. T. Bowen, J. C. Makens, 석정, 2010.

그림 1-2 **호텔·외식·관광마케팅**

1 무형성 intangibility

(1) 무형성의 의의

서비스를 재화와 구분하는 가장 기본적인 특성은 무형성이다. 서비스는 제공받기 전에는 맛볼 수도 없고, 냄새를 맡을 수도 없으며, 소리를 들을 수도 만질 수도 없다. 이처럼 서비스의 기본적인 특성은 형태가 없다는 것을 무형성이라 한다. 따라서 서비스의 가치를 파악하거나 평가하기는 어렵다.

그래서 많은 기업에서 서비스의 무형적 특징으로 인해 광고보다 사용경험자의 구전에 크게 비중을 두고 있는데, 고객들이 서비스를 구매하기 이전에 불확실성을 줄이기 위해 물적 증거를 찾기 때문이다. 예를 들면, 레스토랑의 외관, 청결상태, 종사원의 표정, 태도 등의 단서를 통해 서비스를 평가하게 되는 것이다.

무형성의 문제를 해결하기 위해 유형적인 요소의 탁월성을 알리는 것은 좋은 전략이다. 정규엽의 「Hotel Hospitality Marketing」이라는 책에는 "유형적 단서가 있어야만 무형성을 감소시킬 수 있으며, 동시에 무형성 때문에 가중되는 소비자의 위험을 감소시킬 수 있다."라고 하였다.

한 가지 주의할 점은 완전히 무형적이거나 완전히 유형적인 서비스는 존재하지 않는다는 것이다. 그래서 유형성이 제품과 서비스를 구분하는 중요한 기준이 될 수는 없다.

(2) 무형성을 극복하기 위한 서비스 전략

서비스는 상호작용하는 행위이기에 유형의 제품처럼 눈에 보이지 않는다. 그래서 '서비스의 무형성'이라는 특징은 서비스기업 경영에 있어서 몇 가지 시사점을 제시하고 있다. 그것은 바로 무형성을 어떤 형태로든 유형화시켜 고객들에게 이러한 점을 해소시키는 것이다.

예로, 당일 배송, 15분 인화 등을 생각하여 보자. 고객들은 '배송', '인화'라는 무형화된 서비스를 당일24시간 이내, 15분 등의 시간적 유형화된 개념으로 이해하면서 무형의 서비스를 더 직접적으로 느낄 수 있게 되는데, 이와 같은 것을 물리적 증거라 한다.

즉, 물리적 증거는 일련의 서비스의 무형성을 어떠한 형태로든 유형화시키는 시도를 일컫는 말로서, 매우 다양한 형태를 가지고 있다.

먼저, 호텔에서는 객실과 식음료를 이용하기 전 홈페이지나 광고 등을 통해 간접적인 경험을 접할 수 있도록 하여, 구매를 결정하는 데 영향을 주기도 한다. 또한, 호텔 종사원들의 복장과 용모와 태도 등도 모두 물리적 증거에 해당한다.

병원에서는 병원 내부 적정온도 및 조명, 소음, 청결 정도, 각종 검사장비 및 소개 자료 등 모두가 물리적 증거에 해당하고, 고객들은 이러한 증거들을 통해 해당 기업을 사전에 판단하여 결정에 영향을 받기도 한다. 물리적 증거를 잘 관리하는 것은 해당 기업에 대한 긍정적인 첫 이미지를 고객에게 심어줄 수 있을 뿐 아니라 서비스 품질에도 믿음을 줄 수 있는 결정적 역할을 한다.

경영이 잘 되는 기업은 최종적으로 물리적 증거를 잘 관리한다는 뜻으로도 해석될 수 있다.

2 비분리성 inseparability

(1) 비분리성의 의의

서비스는 생산과 소비가 동시에 일어나는 비분리성 혹은 동시성을 갖고 있다. 유형제품의 경우 거래와 함께 소유권 이전이 일어나지만, 서비스의 경우는 놀거나 즐길 수 있을 뿐 가질 수는 없다. 즉, 서비스는 그 서비스 제공자가 사람이든 또는 기계이든 간에 제공자와 분리될 수 없다는 것을 의미한다.

다시 말해, 사람이 서비스를 제공한다면, 그 사람은 서비스의 한 부분이 되는데, 결국 서비스를 행하는 것은 정신적, 물리적 노동을 결합한 결과를 의미한다. 이러한 비분리성으로 인하여 고객이 서비스의 생산과정에 참여하면 생산자의 측면에서는 서비스의 한 부분으로 인적 요소의 중요성이 당연히 부각될 수밖에 없다.

서비스는 우선 판매되고 그 후 동시에 생산되고 소비되는 관계로, 고객은 서비스가 생산되는 현장에 있어야 하며, 제공자와 고객 간의 상호작용이 서비스 마케팅의 중요한 특징이 된다. 따라서 서비스 공급자는 고객들과 지속적으로 접촉하게 되고, 고객과의 상호작용은 매우 중요한 역할을 하게 된다.

이처럼, 생산과 동시에 소비되기 때문에 소비자의 서비스 생산과정 참여가 빈번히 일어난다.

(2) 비분리성을 극복하기 위한 서비스 전략

서비스는 생산과정에 고객이 참여한다. 예로, 버스의 경우 기사는 운전을 생산하고 동시에 고객은 운송을 소비한다. 헤어숍에서 머리를 자르는 것이나, 네일숍에서 네일서비스를 받는 것도 헤어디자이너와 네일디자이너의 생산의 과정이지만 고객의 소비의 과정이기도 하다. 미용실에 가면 고객이 자신이 원하는 스타일을 설명 하고, 컨설팅에서도 고객의 참여는 절대적인 중요성을 갖는다.

따라서 제품의 경우 구입 전에 소비자가 시험해 볼 수 있지만, 서비스의 경우에는 불가능한데, 구매 전에 품질통제를 하기 힘들기 때문에 종업원 선발에 신중해야 하고 지속적인 교육훈련이 필요한 이유가 여기에 있다.

3 이질성_{heterogeneity}

(1) 이질성의 의의

서비스는 비표준적이며 고도로 가변적이다. 서비스 생산과정과 분배과정에 사람이 개입하기 때문에 유형제품처럼 동질적일 수가 없는데, 이러한 서비스 이질성 때문에 고객 제공 서비스의 표준화가 어렵다.

즉, 제품과 서비스 간의 차이점에 있어 매우 빈번하게 강조되는 점은 바로 고객에게 서비스가 제공되기 이전에 서비스의 품질을 통제할 수 있는 방법이 부족하다는 점이다.

서비스 접촉은 실시간_{real-time}으로 발생하고, 고객은 이러한 서비스 생산과정에 현존하게 된다. 따라서 서비스의 생산 및 전달 과정에서 문제가 발생하게 되면, 고객에게 서비스가 전달되기 이전에 품질통제의 수단을 강구하는 것이 매우 어렵게 된다. 이처럼 서비스의 이질성은 서비스가 생산 및 전달되는 과정상 계속해서 완벽한 서비스품질을 달성하는 것이 불가능하게 하는 요소이다.

이는, 한 고객에 대한 서비스가 다른 고객에게는 다르게 제공될 수 있기 때문이기도 하며, 서비스가 100% 표준화될 수 없다는 한계점이 있기 때문이다.

즉, 서비스는 고객과의 상호작용 과정에서 고객과 제공자에 따라 다양하게 나타나기도 하며, 언제 어디에서 그리고 어떻게 제공되느냐에 따라 다양하게 나타나기도 한다. 품질이 제공자와 장소 및 시간에 따라 혹은 제공자의 내·외부 환경적인 요소에 따라 변하기 때문에 서비스의 표준화와 품질통제는 매우 곤란할 수밖에 없다. 또한 서비스를 전달하는 제공자의 인간적인 요소가 제품에 함께 포함되어 전달되기 때문에 표준 매뉴얼과 제품 표준화를 만드는 작업이 매우 어렵다.

그러므로 서비스 과정에서 어떤 일이 발생될지를 예측할 수 없기 때문에 이를 찾아내거나 시정하는 것이 거의 불가능하다.

(2) 이질성을 극복하기 위한 서비스 전략

메리어트가 경영하는 음식점과 호텔에는 일을 하는 데 일정한 규칙이 정해져 있다고 한다. 이를 메리어트의 표준운영절차Standard Operating Procedure; SOP라고 하는데, 처음부터 올바르게 일하는 습관을 몸에 익히고 사소한 것까지 정해진 순서와 매뉴얼대로 일을 처리해 나감으로써 서비스를 표준화시키는 것이다.

예를 들어, 메리어트의 숙박산업에서는 백과사전과도 같은 '절차에 관한 매뉴얼'을 사용하는데 그중에서 가장 악명 높은 것은 30분 이내에 호텔 객실을 청소하기 위한 66단계에 이르는 절차에 관한 지침이라고 한다. 그럼 왜 메리어트에서는 일의 절차나 일관성을 그렇게 중요하게 생각하는 것일까?

기본적으로 시스템은 사람을 위주로 하는 기업에 있어서 자연적으로 발생하는 문제에 질서를 부여해 준다. 기본적인 규칙이 없다면 100명에게 똑같은 과업을 주었을 경우 수많은 다른 종류의 일하는 방식이질성을 낳게 될 것이다. 따라서 효율적인 시스템과 명확한 규칙만이 일관성 있는 제품과 서비스를 생산할 수 있게 도와줄 것이다.

또한 메리어트의 첫 번째 목표 중 하나는 고객들에게 불편함이나 의외성 없는 일관성 있는 서비스를 제공하는 것이라고 한다. 검증된 시스템과 표준운영절차SOP는 고객이 가장 싫어하는 의외성을 제거해 줌으로써 일관성 있는 서비스를 가능하게 해준다. 예를 들어, 고객이 너무 피곤하여 거의 반쯤 잠든 상태로 호텔에 들어왔다고 하자. 매우 신속하게 숙박등록절차를 마치고 객실로 가서 편히 잠잘 수 있게 도와주는 서비스를 받고 감동하여, 다시 그 호텔이나 같은 브랜드를 가진 호텔에 갔을 때 언제든지 일관성 있게 고객들에게 같은 서비스가 제공된다면 그것은 고객들에게 호텔에 대한 신뢰와 계속해서 다시 찾아오고 싶은 동기를 부여할 것이다.

출처: 메리어트의 서비스 정신(THE SPIRIT TO SERVE) 中에서

4 소멸성perishability

(1) 소멸성의 의의

서비스는 생산되는 즉시 소멸되기 때문에 저장이 불가능하다. 또한 재고 형태로 보존할 수 없으며, 즉시 사용하지 않으면 사라진다. 그러므로 소비자가 서비스가 제공되는 시점에 이를 소비하지 않으면, 그 서비스는 사라져 버린다.

예로, 비행기 좌석은 저장될 수 없으며, 채워지지 않은 좌석은 저장되는 것이 아니라 사라져 버리고 만다. 항공사는 어제의 비행에서 재고로 남은 빈 좌석을 내일의 초과수요를 채우기 위해 재고로 유지할 수는 없는 것이다. 의사들이 예약시간을 지키지 않는 고객들에게 비용을 부과하는 것은 서비스의 이러한 소멸성 때문이다.

호텔 객실의 예를 들어보자. 당일에 판매되지 않은 객실은 미래에 판매하기 위해 저장할 수 없으므로 그날 객실이 판매되지 않는다면 해당일의 객실 판매는 영원히 기회를 상실하게 된다.

따라서 수요가 지속적으로 안정적이면 서비스의 소멸성은 문제되지 않지만, 그렇지 못한 경우에는 크게 문제가 될 수도 있다.

(2) 소멸성에 대처하기 위한 서비스 전략 사례

극장이나 통신사들은 수요가 없는 시간에 이용하는 고객들에게 조조할인 등 보다 낮은 요금을 적용함으로써 가장 수요가 많은 시간의 초과수요를 이전시키고자 하는 서비스 가격의 차별화를 통해 소멸성을 극복하려 한다. 또한 스키장은 비성수기에 잔디 썰매장을 설치하거나 리프트를 이용한 경관수요 등을 창출하고 있다.

많은 은행들이 보통예금 등에서 얻은 낮은 수익을 보완하기 위해 다양한 투자성 서비스를 제공하기도 하며, 항공사, 철도, 호텔, 식당 등에서는 예약시스템을 도입하여 고객 수요를 사전에 확보하려고 노력하고 있다.

구 분	문제점	극복 전략
무형성 (intangibility)	• 특허 등의 보호 불가능 • 진열, 설명이 곤란함 • 구매 전 확인 불가능	• 유형의 단서 제공(유형화) • 긍정적 구전활동 • 기업 이미지 관리 • 구매 후 커뮤니케이션 강화
비분리성 (inseparability)	• 서비스 생산과정에 고객이 참여함 • 대량생산이 곤란	• 직원 선발, 교육에 집중 • 고객관리 철저 • 서비스망의 분산
이질성 (heterogeneity)	• 표준화가 어려움 • 품질통제가 어려움	• 적절한 표준화와 개별화의 조화 필요
소멸성 (perishability)	• 재고 보관이 곤란 • 구매 직후 편익 소멸	• 수요와 공급의 조화 • 시간대별 할인, 예약, 대기관리 • 순환직무, 파트타이머 활용

1. 서비스 분야 한 곳을 선정하여(예 호텔, 항공사, 병원 등), 무형성, 비분리성, 이질성, 소멸성을 극복할 수 있는 방안을 각각 2가지 이상 작성하여 보자.

- 무형성 극복방안 :

- 비분리성 극복방안 :

- 이질성 극복방안 :

- 소멸성 극복방안 :

고객서비스 실무

1. 서비스기업 중 한 곳을 직접 조사하여 현재 무형성, 비분리성, 이질성, 소멸성을 어떻게 극복하고 있는지 조사·발표하여 본다.

Chapter
02

이미지 메이킹

CUSTOMER
SERVICE

이미지 메이킹

이 장을 읽기 전 아래의 문항에 답해 보시오.

1. 나의 이미지는 내가 상대방에게 허락한 나의 총체이다.

   YES   NO

2. 이미지가 개인과 기업에 미치는 영향은 지대하다.
   1   2   3   4   5
   (전혀 그렇지 않다)   (매우 그렇다)

3. 나는 나의 이미지 장점과 단점을 명확히 알고 있다.
   1   2   3   4   5
   (전혀 그렇지 않다)   (매우 그렇다)

이미지는 상대편의 머릿속에 그려진 나의 모습, 즉 어떤 사람이나 사물로부터 받은 느낌이라 정의할 수 있다. 이미 다양한 미디어의 발달로 인해 이미지가 주는 시각적 커뮤니케이션의 보편화가 이루어졌고, 이에 따라 개인의 이미지와 기업의 이미지의 중요성이 더욱더 커지고 있는 실정이다.

특히, 기업의 경우에는 직원 개개인이 그 기업을 대표하는 이미지가 될 수 있으므로 인적 서비스로부터 받는 이미지가 매우 중요하다.

예를 들어, 면접이나 거래처와의 첫 만남에서 비언어적인 요소가 상대에게 많이 작용되는데, 이를 심리학에서는 초두효과Primacy Effect라 한다. 즉, 처음 제시된 정보가 나중에 제시된 정보보다 더 큰 영향력을 끼치는 현상으로 첫인상이 얼마나 중요한지를 알 수 있으며, 좀처럼 바뀌지 않는 강력한 첫인상의 효과를 말하고 있다.

실제로 사회심리학자인 애쉬Asch는 초두효과에 대한 실험을 하여 사람들이 첫인상을 기준으로 일관되게 지각하려는 심리를 증명한 바 있다. 실험에 들어가기에 앞서, 피실험자들에게 어느 가상인물에 대한 성격을 묘사하는 형용사들을 나열하여 제시한 후, 피실험자들이 그 인물에 대하여 어떤 인상을 받았는지 작성하게 하였다.

먼저 첫 번째 실험에서는 형용사의 순서가 '똑똑하고 근면하고, 충동적이며, 비판적이고, 고집이 세며, 질투심이 강함'이었고, 두 번째 비교조건에서는 똑같은 형용사들을 제시 순서만 바꿔서 '질투심이 강하고, 고집이 세며, 비판적이고, 충동적이며, 근면하고, 똑똑함'을 보여주었다.

결과 피실험자들은 긍정적인 형용사들이 먼저 제시되었을 때 상대방 인물에 대하여 더 호의적인 인상을 느끼는 것으로 나타났다. 연구의 결과는 첫인상이 중요하다는 '초두효과'를 입증한 셈이다. 애쉬Asch는 이렇게 첫인상이 중요하게 여겨지는 원인을 맥락효과로 설명하고 있는데, 처음에 제시된 정보가 하나의 큰 맥락을 형성하고, 이 맥락 속에서 우리는 나중에 제시된 정보를 해석하기 때문에 의미의 전환이 나타난다고 한다.

예를 들어, 평소 좋은 이미지를 가진 A 사원이 지각을 하면, '출근길에 무슨 일이 생긴 건 아닐까', 혹은 '집안에 무슨 일이 생겼을 거야'라고 여기는 반면에, 평소 좋지 않은 이미지를 가진 B 사원이 야근을 하면 '능력이 없으니 야근하는구나', '무슨 사고를 쳐서 수습해야 하나봐?'라고 긍정적인 정보를 부정적인 정보로 바꾸어 받아들인다. 사람들은 이렇게 일관성을 유지하기 위해 처음 받았던 이미지와 일치하지 않는 정보가 들어오면 그 새로운 정보를 부정 혹은 긍정적인 정보로 바꾸거나 제거하게 된다.

이 실험은 우리가 왜 이미지를 잘 가꾸어야 하고, 그것을 유지할 수 있어야 하는지를 보여준다. 즉, 상대에게 좋은 첫인상을 심어주면, 그 후 서로 간의 심리적 관계는 보다 쉽게 발전을 이룰 수 있다. 예를 들어, 구직자들이 인터뷰 준비에 심혈을 기울이기 전에 비언어적인 요소인 복장, 태도, 용모, 자세 등에 먼저 신경을 쓰고 면접관에게 좋은 인상을 준다면, 인터뷰에서도 긍정적인 결과를 가져올 수 있는 가능성이 좀 더 커지는 것이다.

기업에서도 마찬가지로, 거래처와의 첫 만남 시 약속시간 엄수, 깔끔한 복장과 용모 등 비언어적인 요소로 충분히 상대에게 긍정적인 이미지를 줌으로써, 좋은 성과를 기대할 수 있다.

이를 위해서는 바로 이미지를 가꾸는 '이미지 메이킹'이 필요한 것이다. 이미지 메이킹은 자신의 부족한 점과 개선해야 할 점을 터득하여 개인과 조직을 재창조하는 작업으로, 사람이나 사물의 이미지를 긍정적으로 개선시켜 원하는 이상적인 모습으로 만드는 행위라 할 수 있다. 실제로 어떤 사람과 사물에 대한 첫 이미지를 판별하는 시간은 평균적으로 3초 정도가 소요되는데, 이는 순간 찰나의 짧은 시간이며, 나의 이미지가 상대의 머릿속에 편견 혹은 선입견으로 만들어지는 결정적인 순간이다. 그렇다면 좋은 이미지를 갖추기 위한 이미지 메이킹의 필요한 요소들은 무엇이 있는지 알아보자.

그림 2-1 **첫인상의 4가지 특성**

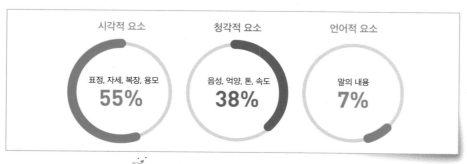

01 표정

앞서, 초두효과에 대한 이미지의 중요성에 대하여 알아보았다. 그렇다면 이미지 관리에 있어서 가장 중요한 요소는 무엇일까? 알버트 메라비언Albert Mehrabian은 1970년 그의 저서 「Slient Message」에서 대화에서 차지하는 시각과 청각 이미지가 중요하다는 커뮤니케이션 이론을 펼쳤다. 그 이론은 메라비언의 법칙The law of Mehrabian으로서, 이 법칙에 따르면 한 사람이 상대방으로부터 받는 이미지는 시각 55%, 청각 38%, 언어 7%로 구성된다고 밝힌 바 있다. 시각적 요소는 태도나 자세 등을 의미하며, 청각은 목소리 톤이나 음색 등을 포함하고 있고, 언어적 요소는 말의 내용을 의미한다. 그렇다면 가장 많은 부분을 차지하고 있는 시각적 요소 중 '표정'에 대하여 이야기해 보기로 하자.

자신의 마음가짐을 나타내는 비언어적인 요소 중 가장 대표적인 것이 표정일 것이다. 표정은 마음의 창이자 심성의 부화구라고도 일컫는다.

표정을 보면 그 사람의 마음을 알 수 있고, 굳이 표현하지 않아도 상대의 표정으로 그 사람이 하는 일이나 처한 사정을 미루어 짐작할 수 있다. 실제로 "그 사람을 알려면 표정을 보라"는 말이 있다. 그만큼 표정은 자신의 현재 심리상태와 같은 많은 정보를 상대방에게 노출시키고 있는 것이다. 이런 의미에서 볼 때, 서비스를 행하는 직원의 입장에서 자신의 감정을 노출하여 고객서비스를 할 경우는 주도권이 결

그림 2-2 Albert Mehrabian, Professor at UCLA

• 33

국 '내'가 아닌 '상대방'에게 넘어가게 된다는 점을 간과해서는 안 될 것이다.

"웃지 않으려면 가게 문 열지마라."라는 유태인 속담처럼, 얼굴에 미소가 없으면 서비스는 결국 죽게 되고, 기업의 이미지도 죽게 될 것이다. 얼굴은 내 것이지만 표정은 상대를 위한 것이라는 것을 잊지 말아야겠다. 그렇다면 좋은 미소를 갖기 위한 방법은 없을까?

"일부러라도 미소를 지으면 더 행복감을 느끼고 억지로라도 슬픈 표정을 지으면 더욱 슬퍼진다."라는 윌리엄 제임스 교수의 주장처럼 자신의 마음속의 채널을 돌리듯이 표정도 스스로 선택할 수 있는 영역일 것이다.

1 표정 근육 운동

1 얼굴 전체 운동

❀ 눈썹 운동

- 눈썹에 손가락을 가로로 올려 기준을 두고 위·아래로 움직여 눈썹 주변 근육을 움직인다.

❀ 눈 운동

- 눈을 위·아래·오른쪽·왼쪽 방향으로 5번 실시한 후, 오른쪽 방향으로 한 바퀴, 왼쪽 방향으로 한 바퀴 움직인다.

❀ 볼

- 입술을 다문 채 양 볼에 공기를 머금는다.
- 양볼의 공기를 왼쪽 볼로 이동시키고 오른쪽은 보조개를 만들듯이 바람을 빼어 15초간 유지한다.
- 왼쪽의 공기를 인중으로 보내어 15초간 유지한다
- 공기를 오른쪽 볼로 이동시키고 왼쪽은 보조개를 만들듯이 바람을 빼어 15초간 유지한다.
- 오른쪽 공기를 턱으로 보내어 15초간 유지한다.

❀ 코

- 좋지 못한 냄새를 맡았을 때를 상상하여 코와 미간 사이에 주름을 만들어 본다. 그 상태를 5초간 유지 후 풀기를 반복한다.

❀ 입 운동

- 입술을 앞으로 쭉 내밀었다가 다시 미소 라인으로 움직이는 형태로 5회 실시한다.

❀ 턱 운동

- 입 전체를 '아'하고 벌린 상태에서 오른쪽 방향과 왼쪽 방향으로 번갈아 움직인다.

02 복장

복장은 상대방에게 자신을 표현하기 위한 의식적 표출 도구이다. 상대방이 나의 복장을 통해 호의와 편안함을 느낀다면, 상대가 나에게 대하는 행동방식에도 영향을 미칠 것이다. 실제로 자신의 복장상태를 통해 상대에게 긍정적인 이미지를 심어줄 수 있다. 예로, 면접 장소에서 구직자가 면접관에게 호감을 주는 첫인상에는 비언어적인 행동이 많이 작용되는데, 그중 복장은 개인의 취향과 선호를 우선시하는 것이 아니라 면접관에게 좋은 인상을 심어주는 것에 그 목적이 있기 때문에 해당 기업에서 선호하는 의상과 이미지가 세밀하게 분석되었을 때 자신의 긍정적 이미지를 효과적으로 전달할 수 있을 것이다. 더욱이 의상은 첫인상을 결정짓는 요인이 되기 때문에 준비가 잘 된 복장은 면접관으로부터 긍정적인 관심을 이끌어 낼 수 있는 하나의 요소가 되기도 한다.

회사원이 거래처와의 의사소통에서나, 병원에서 환자와의 의사소통을 하는 의료진들에게도 마찬가지이다. 복장은 훌륭한 자기표현방식이자 동시에 기업을 대표하는 상징성이며, 나의 직업을 알리는 사회적 신호가 되기도 한다.

복장은 다양한 기능을 수행하는데, 단순히 몸을 가리는 물리적 기능뿐만 아니라 사회에서는 자신의 신분과 직위를 표현할 수 있고, 다른 사람과의 상호작용에도 자신만의 특성을 잘 전달할 수 있는 표현의 기능도 수행한다. 복장의 다양한 기능은 아래와 같다.

1 복장의 기능

1 보호의 기능

보호의 기능으로서 더위와 추위 등으로부터 자신의 몸을 보호하고, 근무형태와 직무에 따라 보호기능의 용도가 달라지는 기능이 있다.

2 감성표현이 기능

감성표현의 기능으로 복장을 통해 자신의 아름다움을 표출하기도 하고 때로는 자신의 권위를 드러내 인정을 받고자 하는 감성표현의 기능이 있다.

3 심리적 의도를 표현하는 기능

심리적 의도를 표현하는 기능으로 주로 경조사에서 많이 찾아 볼 수 있는데, 예로 장례식에서 애도를 표현하는 검정색 옷을 입는 행위나, 결혼식에서 주인공인 신부가 웨딩드레스를 입는 것이 여기에 해당한다.

4 신분의 기능

신분의 기능이 있다. 복장을 통해 상대의 직업을 추측해 볼 수 있는데, 예로 경찰관, 소방관, 호텔리어, 승무원 등 직업군의 복장이 명확한 경우 상대에게 복장을 통해 자신의 신분을 전달할 수 있다.

5 조합의 기능

조합의 기능이 있다. 예로 한 회사에서 모든 직원들이 같은 유니폼을 입음으로써 소속감을 주고, 조직을 하나로 규합할 수 있는 기능도 갖추고 있다.

이처럼 복장은 많은 기능을 수행하고 있는데, 병원, 호텔, 항공사 등 서비스를 기반으로 하는 산업에서의 복장의 의미는 특별히 중요하다 할 수 있다.

서비스 산업에서의 직원들은 복장을 통해 고객으로부터 전문적인 이미지를 줄 수 있을 뿐 아니라, 자신의 서비스 직업마인드를 더 확고히 하는 태도를 심어줄 수 있다. 이렇듯 고객은 큰 기대치를 가지고 직원들의 서비스를 받기 때문에 복장 청결 상태 등의 문제가 발생할 시 그 파급효과는 훨씬 더 클 것이다.

2 나의 컬러 알아보기

사람은 개개인마다 피부와 머리카락, 눈동자 등에 타고난 고유색을 가지고 있다.

아래 「나의 컬러 알아보기」를 통해 자가진단 후 옐로 베이스톤인지_{이하 Warm type}, 블루 베이톤 인지_{이하 Cool type}를 구분하여 보자. 진단이 어려운 경우는 두피색상과 팔 안 쪽 색상을 통해 좀 더 세밀하게 관찰해 볼 수 있다. 퍼스널 컬러는 크게 Warm type과 Cool type으로 나뉘며, Warm type은 봄과 가을, Cool type은 여름과 겨울로 구분한다.

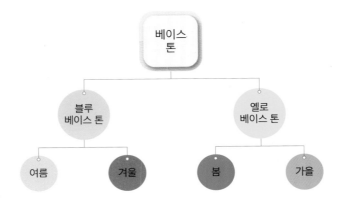

이를 사계절 컬러라 하는데, 이 방법은 독일의 요하네스 이텐_{Johannes Itten}에 의해 시작되었다.

따뜻한 색과 차가운 색, 계절에 맞는 색상을 나누고 피부색과 눈동자, 모발의 색을 파악하여 사계절 컬러 유형을 진단했는데 따뜻하고 부드러운 색을 지닌 사람을 봄, 차갑고 부드러운 색을 지난 사람을 여름, 따뜻하면서 짙은 색을 가진 사람은 가을, 차 가운 색과 탁한 느낌을 지닌 사람은 겨울로 분류하고 있다. 이러한 사계절 색채를 이 해하고 활용하면 보다 성공적인 스타일을 연출할 수 있게 될 것이다.

1 웜 타입_{Warm type}

• 노란색과 황금색 중심의 옐로 언더 톤_{yellow under tone}
• 생기 있고 발랄한 인상의 사람으로 명도가 밝고 맑은 색이 어울린다.
• 여유 있고 차분한 인상의 사람으로 명도가 낮고 탁한 색이 어울린다.

나의 컬러 알아보기

Q1 당신의 피부색은?
ⓐ 흰 편이다 ▶ *Q1*
ⓑ 검은 편이다 ▶ *Q2*

Q2 당신의 눈동자 색은?
ⓐ 짙은 갈색, 검정 ▶ *Q5*
ⓑ 밝은 갈색 ▶ *Q3*

Q3 다음 중 보다 잘 어울리는 아이섀도 색은?
ⓐ 회색 계열 ▶ *Q5*
ⓑ 갈색 계열 ▶ *Q11*

Q4 당신 눈의 인상은?
ⓐ 강한 편이다 ▶ *Q5*
ⓑ 부드러운 편이다 ▶ *Q7*

Q5 당신에게 어울리는 핑크색은?
ⓐ 핫 핑크 ▶ *Q10*
ⓑ 코럴 핑크 ▶ *Q8*

Q6 연핑크나 연노랑 등의 포근하고 사랑스러운 색이 잘 어울리는가?
ⓐ 잘 어울린다 ▶ *Q17*
ⓑ 잘 어울리지 않는다 ▶ *Q14*

Q7 맨 얼굴로 검은색 옷을 입으면?
ⓐ 이목구비가 뚜렷하게 보인다 ▶ *Q10*
ⓑ 얼굴색이 안 좋아 보인다 ▶ *Q5*

Q8 당신에게 잘 어울리는 액세서리는?
ⓐ 골드(금) 제품 ▶ *Q6*
ⓑ 실버(은) 제품 ▶ *Q9*

Q9 황토색, 겨자색, 이끼색, 적갈색 등 차분하고 고상한 색이 잘 어울리는가?
ⓐ 잘 어울린다 ▶ *Q15*
ⓑ 잘 어울리지 않는다 ▶ *Q6*

Q10 당신의 첫인상은?
ⓐ 강한 인상 ▶ *Q13*
ⓑ 부드러운 인상 ▶ *Q11*
ⓒ 평범한 인상 ▶ *Q8*

Q11 햇볕에 노출되면 어떻게 되는가?
ⓐ 잘 탄다 ▶ *Q9*
ⓑ 잘 타지 않는다 ▶ *Q8*
ⓒ 어느 쪽도 아니다 ▶ *Q12*

Q12 당신의 이미지는?
ⓐ 친근감 있고 부드러운 이미지 ▶ *Q17*
ⓒ 강하고 차가운 이미지 ▶ *Q14*

Q13 잘 어울리는 색은?
ⓐ 선명한 원색 ▶ *Q14*
ⓑ 부드러운 파스텔 색 ▶ *Q8*

Q14 얼굴 가까이에 대보았을 때 잘 어울리는 꽃은?
ⓐ 붉은빛의 장미 ▶ *Q18*
ⓑ 핑크빛의 튤립 ▶ *Q17*

Q15 당신의 헤어 컬러는?
ⓐ 진한 갈색, 진한 검정 ▶ *Q18*
ⓑ 밝은 갈색, 부드러운 검정 ▶ *Q14*

Q16 당신의 얼굴은 어려 보이는 편인가?
ⓐ 그렇다 ▶ **봄**
ⓑ 그렇지 않다 ▶ **가을**

Q17 당신에게 잘 어울리는 스웨터 색은?
ⓐ 노란 기가 있는 따뜻한 색 ▶ *Q16*
ⓑ 푸른 기가 있는 차가운 색 ▶ **여름**

Q18 당신이 어두운색 정장을 입는다면 어울리는 색은?
ⓐ 검정, 회색 계열 ▶ **겨울**
ⓑ 다크 브라운 계열 ▶ **가을**

출처: 컬러 스타일북, 황정선

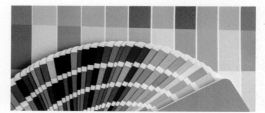

● 39

✿ 봄

봄은 파릇파릇하고 산뜻함을 느낄 수 있는 계절이다. 봄의 색상은 노란색이 섞인 색으로 컬러감이 화사하고 선명한 것이 특징이다.

기본적으로 봄에 속하는 사람들의 특징은 노르스름하면서 붉은빛이 감돌거나 갈색이 감도는 피부로 따뜻한 색감을 띠고 있으며, 눈동자 색상과 모발의 색상 역시 밝은 갈색을 띠고 있는 경우가 많다. 명도와 채도가 높아 밝고 생동감 있는 이미지이다.

이 계절의 사람들은 노란색이 가미된 선명한 원색이나 핑크, 산호색, 주황색, 연두색 등 화사한 색상이 잘 어울린다. 다만, 푸른빛을 띤 청색, 회색, 와인색은 피하도록 한다.

소품을 활용할 때에도 가방, 구두, 벨트 등의 금속장식은 금색계열로 활용하는 것이 좋으며, 광택감이 강한 것을 선택하면 좋다.

✿ 가을

가을은 따사로운 햇살 같은 차분한 안정감을 주는 계절이다.

가을에 속하는 사람들은 모든 색에 황색과 노란색이 들어 따뜻한 색으로 구분된다. 기본적으로 황색, 노르스름한 빛을 지닌 피부색을 가지고 있으며, 노르스름한 피부에 갈색빛이 감돌거나 피부에 황색빛이 감도는 피부 또는 붉은 피부에 황색빛이 감도는 등의 색을 가지고 있다. 눈동자와 머리카락의 색상도 짙은 황갈색이나 갈색을 띤다.

이 계절의 사람들은 금색, 구릿빛색, 베이지색, 카멜색, 카키색 등 전체적으로 자연의 색이 잘 어울리며, 봄과 다른 점은 노란빛이 감돌기는 하지만 황색빛이 주를 이루는 차분한 느낌을 주는 것이 가을 컬러에 해당한다. 피해야 할 색상은 원색, 파란색, 흰색, 핑크색 등은 피하는 것이 좋다.

소품은 봄 계절과 같이 금속장식으로 하는 것이 좋으며, 자연의 색이 어울리는 만큼 액세서리도 나무, 상아 같은 것을 이용한 아이템이 좋다.

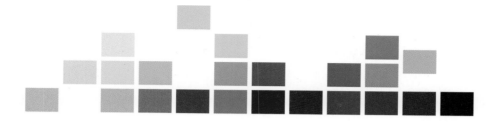

2 쿨 타입Cool type

- 파랑과 회색 중심의 블루 언더 톤blue under tone
- 우아하고 부드러운 인상의 사람으로 명도가 높고 부드러운 색이 어울린다.
- 차갑고 화려한 인상의 사람으로 명도가 낮고 선명한 색이 어울린다.

❀ 여름

여름은 시원하고 푸르름이 가득참을 느낄 수 있는 계절이다. 여름의 색상은 모든 색에 흰색과 파란색이 들어 있어 부드럽고 차가운 느낌을 주는 것이 특징이다. 기본적으로 여름에 속하는 사람들의 특징은 흰빛과 푸른빛이 감도는 피부를 가지고 있는데, 노르스름한 피부에 흰빛이 감돌거나 붉은 빛에 흰빛이 감도는 등의 부드러운 피부 또한 가지고 있으며, 눈동자 색상과 모발의 색상은 회색빛을 띤 갈색 컬러를 갖고 있는 경우가 많다.

이 계절의 사람들은 기본적으로 흰빛이 많이 가미된 색상이 잘 어울리는데, 부드럽고 차가운 느낌의 핑크나 파스텔 계열, 연블루 계열, 연보라 계열 등 중간색이 잘 어울린다. 그러나 검정색이나 노란색이 가미된 오렌지색 등은 피하는 것이 좋다. 소품을 활용할 때에도 실버나 백금장식이 잘 어울리며, 진주 중에서도 핑크베이지가 잘 어울린다. 단, 실버 중에서는 광택이 적은 메트한 것을 고르는 것이 좋으며, 크고 화려한 것을 선택하는 것이 좋다.

❀ 겨울

겨울은 순백색의 흰 눈과 검정색의 어두움이 강한 대비를 이루는 모던하고 심플한 느낌을 주는 계절이다.

겨울에 속하는 사람들은 공통적으로 푸른빛이 감도는데, 흰 피부에 푸른빛이 감돌거나 붉은 피부에 푸른빛이 감도는 피부, 노르스름한 피부에 푸른빛이 감도는 피부 등으로 나뉜다. 눈동자 색은 검은색이나 짙은 회갈색인 경우가 많으며, 머리카락 색상 또한 푸른빛이 들어간 짙은 갈색이나 검은색이 주를 이룬다.

이 계절의 사람들은 모든 색에 푸른색과 검정색이 섞여 있어 차가운 색으로 구분되어, 레드나 와인 계열, 네이비블루 계열, 청보라 등 강렬하면서도 대조되는 색이 잘 어울린다. 그러나 불투명한 파스텔톤이나 주황색 계열, 황색은 피하는 것이 좋다.

소품활용은 백금, 다이아몬드, 순백색의 진주가 잘 어울리며 광택감이 있고 포인트가 될 수 있는 색상을 선택하는 것도 좋다.

3 체형별 코디법

이미지 메이킹에 있어서 복장은 단순히 꾸미는 개념이 아닌 개개인의 특징을 살려 자신의 부족한 점은 커버하고, 좋은 점을 잘 활성화될 수 있도록 반드시 체형과 얼굴형을 고려한 이미지 코디네이션이 필요하다.

평소 비즈니스 복장에서 가장 적합한 것은 화려하거나 두드러지지 않는 색이 좋은데, 무채색이나 네이비, 블랙 등이 프로페셔널한 이미지와 보수적인 이미지를 줄 수 있어 가장 적합하다. 또한 세련되고 고급스러운 느낌을 주는 그레이와 깨끗함과 선명한 느낌의 화이트, 그리고 온화함과 융통성의 이미지를 주는 베이지도 적합한 컬러로 추천된다. 그렇다면 체형에 맞는 코디법을 살펴보자.

1 남성

✿ 키와 체격이 큰 남성

착용했을 때 여유 있는 스타일의 옷이 좋다. 너무 딱 맞는 옷을 착용할 시 오히려 체형을 강조하는 결과를 초래하므로 약간의 여유 있는 슈트를 선택하는 것이 좋다. 또한 시각적 효과를 높이기 위해 짙고 어두운 검정이나 진한 회색을 선택하는 것이 바람직하다.

✿ 키가 작고 체격이 좋은 남성

스트라이프 패턴을 이용하거나 전체적으로 포인트를 위쪽으로 두어 키가 커 보이도록 한다. 밝은 컬러보다는 상·하의가 통일된 어두운 컬러를 선택하는 것이 좋다.

✿ 키 크고 마른 남성

마른 남성의 경우는 전체적으로 부드럽고 여유 있는 분위기 연출이 관건이다. 색상을 선택할 때에는 팽창색인 밝은 회색이나 진베이지 색상이 좋으며 싱글버튼보다 더블버튼의 상의로 몸을 넉넉하게 보일 수 있도록 한다.

● 43

✿ 키가 작고 마른 남성

스트라이프 슈트가 키를 커 보이게 한다. 촘촘한 무늬보다 스트라이프 간격이 1cm 이상인 아이템을 골라보자. 단, 무늬색상이 진하게 표가 나는 것은 피하도록 한다. 색상은 라이트 그레이나 밝은 브라운 계열이 잘 어울린다.

남성 슈트의 예시

◀ 짙은 색의 슈트를 고른다.

▼ 드레스셔츠는 흰색이나 푸른색 계통으로 준비한다.

◀ 뒷목 칼라길이와 재킷 밖으로
나온 셔츠의 길이는 모두
1.5~2cm

▲ 바지 길이는 복사뼈를 살짝 덮는 정
도로 한다.

▲ 넥타이는 푸른 계열이 가장 무난하며,
길이는 벨트라인으로 맞추자.

비즈니스 복장 옷차림 주의사항

- 양말과 구두는 바지색상보다 더 어두운 계열로 착용할 것
- 구두는 깨끗하게 손질할 것

2 여성

✿ 키가 크고 마른 여성

라운드형의 여성스러운 정장을 활용하는 것이 좋으며, 타이트한 옷은 피하도록 한다. 어두운 색상보다 밝은 계열의 컬러를 선택하여 안정감을 주도록 한다.

✿ 키가 작고 마른 여성

상의와 하의 색상은 같게 하며, 검정색보다는 밝은 계열의 회색을 추천한다. 또한 밝고 볼륨감 있는 블라우스를 착용하여 시선을 상의로 집중시켜 작은 키와 마른 체형을 커버하도록 한다.

✿ 키가 크고 체격이 있는 여성

상의와 하의 색상을 다르게 연출하여 허리선과 네크라인을 강조할 수 있도록 한다. 블라우스의 경우 장식이 많은 것은 체격을 더 돋보이게 할 수 있으므로, 장식은 최소화한 네크라인형 블라우스를 선택하여 착용하도록 한다.

✿ 키가 작고 체격이 있는 여성

타이트한 정장보다는 여유 있는 정장이 좋다. 짙은 회색 혹은 검정색 정장으로 연출한 뒤 스트라이프 무늬가 들어간 정장을 착용하여 보자.

쉬어가기

1. 대기업 및 일반 사무직

감청색은 신뢰감을 주어 면접 의상에 적극 추천되는 컬러이다. 다만, 밝은 색상보다 짙은 남색을 선택하면 균형감 있고 차분한 이미지를 전달할 수 있다. 또 약간의 줄무늬는 날렵하고 정확해 보이는 인상을 주지만 줄무늬 색상이 강하게 들어간 슈트는 자칫 촌스럽고 산만해 보이는 이미지를 줄 수 있으니 조심해야 한다.

2. 영업직

친근감과 사교감이 있어야 하는 영업직의 경우 그레이 컬러를 추천한다. 회색 계열은 세련되고 사교성 있는 느낌을 주기 때문에 흰색 셔츠에 청색이나 보라색 타이를 매치하면 좋다. 정장에 광택감이 많으면 자칫 가벼운 이미지를 줄 수 있으니 유의하자.

46 •

1. 평소 이미지 관리가 잘 되어 있다고 판단되는 인물과 그렇지 못한 인물을 선정하여 발표하여 보자.

2. 한번 잘못 각인된 이미지를 다시 회복할 수는 없을까?

* 빈발효과
  첫인상이 좋지 않게 형성되었다 할지라도, 첫인상과는 달리 반복해서 제시되는 행동이나 태도가 긍정적으로 상대에게 전달이 되면, 점차 좋은 인상으로 바뀌는 현상을 말한다.

1. 자신의 첫 이미지는 상대에게 어떻게 비춰지고 있으며, 평소 이미지와는 얼마나 차이가 있는지 알아본다.

예시> 이미지를 나타내주는 형용사

긍정적 이미지	부정적 이미지
총명하다, 영리하다, 이지적이다, 차분하다, 침착하다, 진지하다, 세련되다, 귀티난다, 매력적이다, 귀엽다, 여성스럽다, 우아하다, 자상하다, 인자하다, 상냥하다, 명랑하다, 밝다, 쾌활하다, 붙임성 있다, 재치 있다, 야무지다, 털털하다, 꼼꼼하다.	간사하다, 약삭빠르다, 얄밉다, 거칠다, 포악하다, 드세다, 촌스럽다, 추하다, 초라하다, 천박하다, 야하다, 도도하다, 싸늘하다, 차갑다, 신경질적이다, 무뚝뚝하다, 우울하다, 거만하다, 촐싹거린다, 딱딱하다, 매섭다, 고지식하다, 심술궂다, 맹하다, 까다롭다, 깐깐하다.

Chapter
03

비즈니스 매너

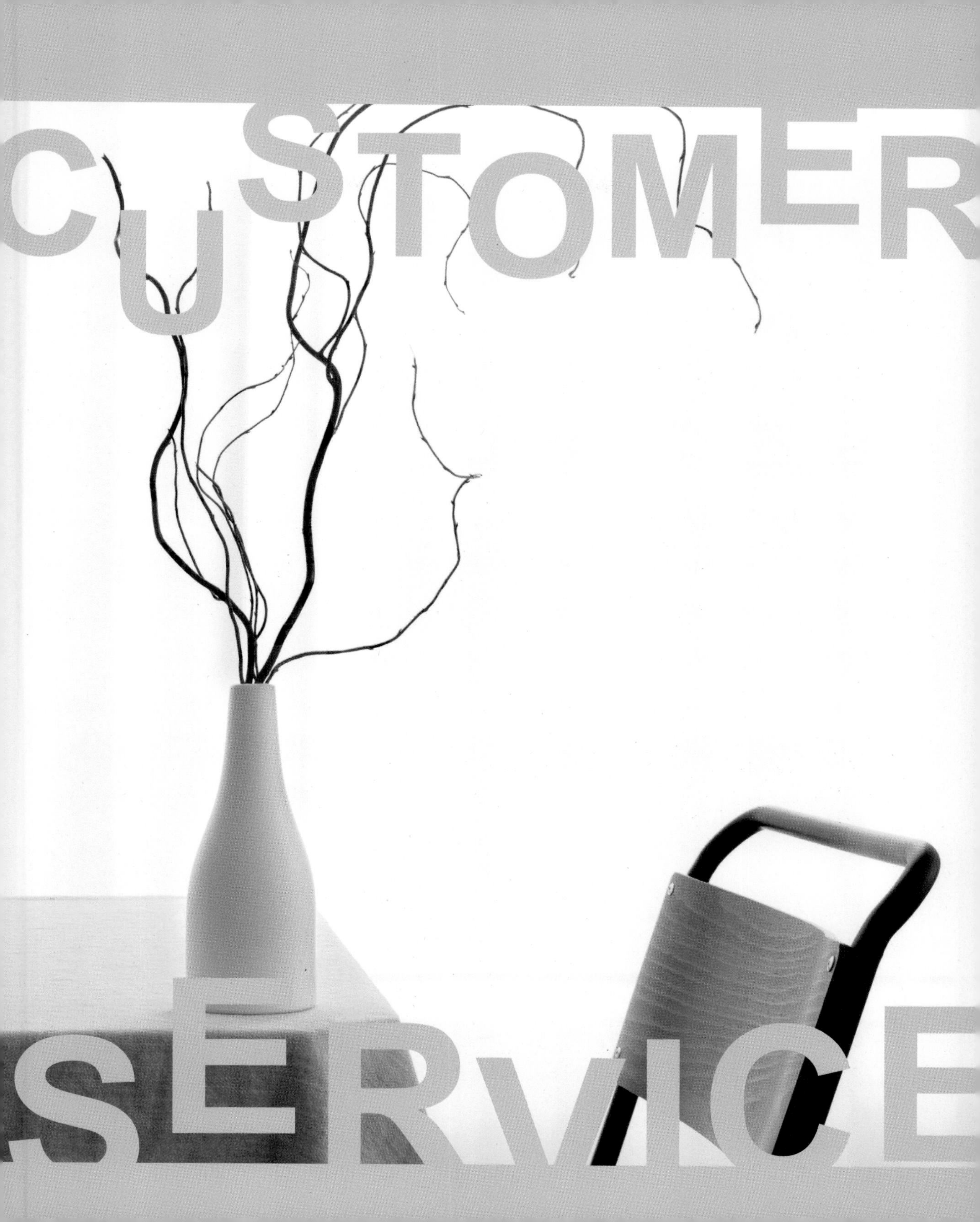
CUSTOMER
SERVICE

비즈니스 매너

이 장을 읽기 전 아래의 문항에 답해보시오.

1. 매너와 에티켓은 같은 뜻이다.

   YES   NO

2. 명함을 주는 순서는 나이가 최우선이다.

   YES   NO

3. 소개할 때에는 가장 높은 사람을 먼저 소개해야 한다.

   YES   NO

01 매너와 에티켓

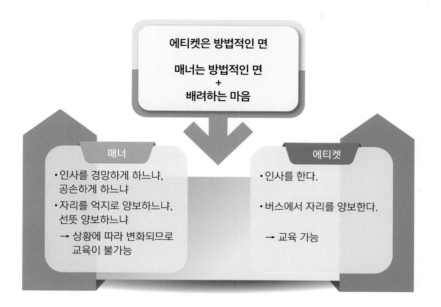

사람과 사람 사이, 나라와 나라 사이, 문화와 문화 사이를 잇는 것이 바로 매너이다. 돈과 권력이 있는 사람이 상류층이 아니라 매너가 있는 사람이 진정한 상류층이라는 말처럼 남녀노소 지위고하를 막론하고 매너 있는 사람은 어디서나 환영받고 긍정적인 feedback을 받을 수 있다. 프랑스에서는 매너를 '삶을 멋지고 성공적으로 영위할 줄 아는 방법'이라고 정의하고 있다.

이처럼, 현대사회에서의 매너는 하나의 능력이자 필수요건이 되었으며, 한 조직의 리더가 반드시 갖추어야 할 중요한 요소가 되었다.

매너는 그 사람의 '사회적인 위치'를 굳이 알지 못하더라도, 개개인의 매너 수준을 통해 자기 스스로가 어떠한 사람인지를 상대에게 보여주는 것이기에, 가정에서나 사회에서 자신을 알리는 데 매우 중요한 역할을 하고 있다. 그렇다면 매너와 에티켓의 정확한 정의는 무엇인지 알아보자.

1 매너와 에티켓의 정의

에티켓etiquette은 본래 Estiquier나무 말뚝에 붙인 출입금지란 말에서 유래된 것으로서, 루이 14세 시절 베르사유 궁정에 들어가는 사람에게 주어지는 일종의 Ticket에 그 기원을 둔 설이 있으며, 또 하나는 베르사유 궁정을 보호하기 위해 정원의 화원 주변에 말뚝을 박아 아무나 들어가지 못하도록 하기 위해 사용된 것이라는 유래설에 기초하고 있다. 오늘날에는 이러한 유래설의 의미가 확대되어, 상대방의 마음의 정원을 해치지 말라는 적극적인 의미로 해석되어지고 있다.

우리는 에티켓을 통해 질서 있고 안정된 사회를 유지하려는 필요성에 의해 이와 같은 예절, 예법, 사회에서 반드시 지켜야 할 불문율로 그 의미가 발달되어 왔다. 즉, 에티켓의 본질은 '남에게 폐를 끼치지 않는다.' '남에게 호감을 준다.' '상대방을 존경한다.'는 의미로 풀이할 수 있다. 에티켓은 결국 질서 있고 안정된 사회를 유지하려는 필요성에 의해서 발달되었다. 예절은 근본적으로 인간 상호 간의 분쟁을 해결하기 위한 수단이 되며, 예절이 제대로 이루어질 때 비로소 인간다운 생활을 영위할 수 있기 때문이다.

매너는 라틴어 'manarius'에서 유래하였다. manus손 + arius방식, 방법 = 손의 방법, 손으로 하는 방식, 매우 구체적인 행위방식으로, 에티켓을 행하는 데 품위 있는 방식으로 행동하는 것으로서 일상의 관습이나 몸가짐을 의미한다.

동양에서는 이와 비슷한 말로 '예의범절'이 있는데 여기서 '예의'는 에티켓과 유의어이고, '범절'은 그 마음을 밖으로 표현하는 행동이므로 매너에 해당한다.

즉, 에티켓은 행동기준이며, 매너는 그것을 행동으로 나타내는 방법이라고 정의할 수 있다.

이를 테면, 웃어른께 인사를 하는 것은 에티켓이지만, 인사를 경망하게 하느냐, 공손하게 하느냐는 바로 매너의 문제라는 것이다. 이러한 매너에는 크게 2가지 입장차로 바라볼 수 있다.

2 매너의 두 가지 입장

매너에는 크게 두 가지가 존재한다. 바로 일차적 입장의 매너와 이차적 입장이 그 것이다.

일차적 입장에서의 매너는 자신의 관점에서 사물과 사람을 바라보는 지극히 개인 주의적 입장이라는 것이다. 이러한 입장에서의 매너는 상대를 의식하기보다, 자기 자신의 입장에서 모든 것을 생각하고 행동하기 때문에, 보는 이로 하여금 자신감 있 고 독립적이라는 인상을 줄 수 있지만, 단체에서의 이러한 입장을 고수하는 사람들 은 다소 독선적이고, 이기적으로 비춰질 수도 있다. 이미 앞에서 학습한 바와 같이, 매너라는 것은 본디 배려가 기본이 되어야 하는 행동양식으로 먼저 상대를 생각하 는 마음이 있어야 한다는 것을 알 수 있다.

이차적인 입장은 상대의 관점에서 사물과 사람을 바라보는 입장으로서 일차적인 입장과는 다소 차이를 보이고 있다. 이러한 관점을 고수하는 사람은 상대방을 배려 하는 마음이 우선시되어 상대에게 좀 더 편안하고 좋은 이미지를 상대방에게 줄 수 있다는 점에서 좋다고 판단될 수 있으나, 이 관점 역시 지나치게 되면 상대방의 주 장과 입장을 항상 먼저 고려하고 배려하게 되어, 결국 상대로 하여금 의존적인 사람 으로 비춰질 수 있다. 따라서 일차적 입장과 이차적 입장을 고루 취하는 것이 진짜 매너를 잘 활용하는 사람이라 할 수 있다.

사람들과 마주치고 소통하는 우리는 상대방에게 보여지고 노출되어진 나로 만나 서 소통을 하고 행동한다. 상대방이 기대하는 나, 상대방이 보는 나의 모습이 상대 에게 만족스러울 때 관계는 진전되고 더 깊어진다고 할 수 있다. 이처럼 매너는 상대 에게 보여지고 기대되는 나를 규격화하는 행동양식을 뜻한다.

우리가 이러한 매너를 사회활동에서 많이 활용하는데, 이를 비즈니스 매너라는 용어로 사용하고 부르는 것이 일반적이다. 매너는 사회집단에서 반드시 지켜야 할 행동양식처럼 강제성을 띠고 있는 것은 아니지만, 매너가 좋지 못한 사람은 조직에 서 외면당하게 된다. 현대인에게 있어 매너는 타인에게 폐를 끼치지 않으며, 호감을 줄 수 있어야 하고, 나아가 타인을 존경하는 마음을 가지는 것이다.

운동선수가 좋은 매너로 경기에 임할 때 자신과 팀 전체 인격이 훌륭해질 수 있듯, 한 사람의 무 매너 플레이는 자신과 팀 그리고 나라 전체의 이미지를 흐릴 수 있다는 것은 우리가 수많은 국제경기를 통해 익히 알고 있는 사실이다. 우리나라 운동인 태권도에서도 인사하는 법을 가장 먼저 배우고 시작을 하듯이 사람과 사람 사이의 지켜야 할 에티켓과 매너는 늘 학습하고 지켜나가야 하는 부분이다.

 쉬어가기

Lady First의 유래

'숙녀 먼저'라는 레이디 퍼스트는 글로벌 매너에 있어 매우 중요한 덕목 중 하나이지만, 실제 레이디 퍼스트 의미는 지금과는 차이가 있다. 그러면 Lady First의 유래에는 여러 가지 설이 있는데 하나씩 살펴보도록 하자.

- '신사Gentleman'란 말이 영국에서 유래된 것은 많은 이들이 상식으로 알고 있을 것이다. 'Lady First' 또한 영국에서 시작되었다.
  영국은 비가 많이 내리는 아주 습한 나라로, 신사Gentleman들이 마차에서 내릴 때 흙탕물에 자신의 의복에 문제가 발생하는 것을 사전에 차단하기 위해 여성Lady에게 우선권을 주는 것처럼 먼저 내리게 한 후 땅의 상태를 살펴본 후 내렸다.
- 중세 이후 영국을 비롯한 유럽국가에서는 귀족들의 재산을 탐하여 음독 살해를 일삼는 경우가 매우 빈번하게 발생하였다. 때문에 귀족들은 식사 시 음식에 독이 들어 있는지 확인하기 위해 먼저 여성에게 식사를 권하였다. 또한, 전근대시대의 왕실에서 왕에게 수라를 올리기 전에 독이 있는지 없는지 여성이 먼저 음복을 한 것에서부터 그 유래가 시작되었다는 설이 있다.
- 2차 세계대전 당시 적군의 진지로 들어가기 전 여성부터 먼저 보낸 후 지뢰가 없는 것을 확인하기 위해 일종의 도구로 활용하기도 하였다는 씁쓸한 설이 있다.

하지만 'Lady First'가 하나의 고유명사를 이루면서 현대시대에 와서는 매우 순화된 의미로 사용되고 있으며, 현 시대를 살아가는 중요한 매너 중 하나로 자리잡고 있다.

출처: 파이낸셜뉴스 스타엔 jinphoto@starnnews.com 조성진 기자

3 대인관계 매너

(1) 인사 매너

우리는 하루에도 몇 번씩 많은 인사를 한다. 인사는 '人사람인+事일사'자로 '사람이 하는 일', 즉 사람이 가장 기본적으로 행하는 예라고 할 수 있다. 이는 사회생활에서 자신의 인상을 대표하는 것이자 인간관계에 있어서 가장 기초가 되는 행위이기 때문이다.

이처럼 인사는 예절의 기본이며, 인간관계의 시작과 끝이라고 해도 과언이 아니다. 동서고금을 막론하여 인품을 말할 때에는 예절 바른 사람을 제일로 하고 있다. 이렇듯 인사는 인간사회에서 윤리 형성의 기본이며, 직장인에게 있어서는 상사와 동료 그리고 고객과의 관계시작을 알리는 첫 단추인 것이다. 상사에 대하여는 존경심의 표현이며, 동료 간에는 우애의 상징이고 고객에 대하여는 서비스를 바탕으로 한 직업정신의 표현이며, 아울러 자신의 인격과 교양을 나타내는 것이라 할 수 있다.

이러한 인사는 친절함을 나타낼 수 있는 가장 기본적인 행위이며, 상대방에 대한 마음가짐의 외적 표현으로 상대방에게 마음을 열고 다가가는 적극적인 마음의 표현이라 할 수 있다. 일반적으로 단순한 고갯짓이 아닌, 내가 먼저 상대방을 보면서 상황에 맞는 인사말과 미소를 곁들여 바른 자세로 행할 때 상대로부터 호감과 신뢰를 얻을 수 있을 것이다.

그렇다면 인사의 종류와 순서 및 기본자세에 대하여 알아보자.

1 인사의 기본자세

✿ 목 례

목례目禮는 '눈인사'로 순화하여 부르기도 한다. 목례는 15도 각도를 기본으로 하여 협소한 장소나, 복도, 화장실 등에서 마주치는 사람에게 상체를 굽히지 않고 눈으로 예를 표하며 인사하는 것을 말한다. 이 외에 이미 인사를 나눈 사람에게도 적용할 수 있으며, 고객과의 상담 시에도 활용할 수 있는 인사법이다.

✿ 보통례

일상생활에서 가장 많이 행하는 것으로서 보통 윗사람이나 거래처 등 사회활동

중 처음 인사를 나눌 때 하는 인사이다. 상체를 30도 정도 숙여서 예를 갖추는 인사법으로 보통 마중과 배웅 때 활용할 수 있다.

✿ 정중례

극히 높은 분이나 의식 등에서의 인사나 사과와 감사를 표할 때 하는 인사로써, 45도 각도를 유지하여 인사하는 방법으로 정중한 인사일수록 인사의 각도는 커지고 속도는 느리게 한다.

2 인사를 하면 좋은 점

ⓐ 처음 만나는 사람과의 어색함, 불안감, 적대감을 사라지게 한다.

ⓑ 상대방에 대해 호의를 지니고 있음을 보여주는 표현이다.

ⓒ 친근감을 표현하는 수단으로 모르는 사람과 관계를 형성하는 데 좋은 방식이다.

ⓓ 인간관계를 좋게 만드는 중요한 행위이다.

(2) 소개 매너

사회에서 자신을 소개하고 자신을 상대에게 알려주는 행위는 비즈니스 모임에서 매우 중요하며, 관계의 시작은 바로 소개에서 시작된다. 관계의 시작은 바로 소개에서 시작된다. 처음 만나는 자리는 누구에게나 어색하다. 첫 만남의 자리에서 팀원을 제외한 자신의 소개만 한다든지, 상대의 직책을 파악하지 못한 채 극존칭 혹은 적절치 못한 명칭은 예의를 벗어난 방식이라 할 수 있다. 그러므로 양쪽 모두 첫 만남이라면

기본자세

1. 서는 자세

- 몸의 중심을 잘 잡고 발의 뒤꿈치를 붙이고 두 다리를 붙여 선다.
- 무릎에 힘을 주어 붙인다. 배는 안으로 당기고 힘을 준다.
- 등은 곧게, 가슴은 펴고 두 어깨는 수평이 되게 한다.
- 손은 공수 자세를 취하거나 <small>평상시 여성은 오른손, 남성은 왼손이 위로 가도록, 흉사시에는 반대</small> 남성의 경우는 손가락을 가지런히 모아 자연스럽게 바지 양옆 재봉 선에 붙인다.
- 고개는 반듯하게 들고 턱은 가볍게 당긴다.
- 입은 자연스럽게 다물고 시선은 정면을 향한다.
- 전체적으로 위에서 끌어당기는 듯한 느낌이 들도록 한다.

2. 앉는 자세

- 등과 등받이 사이에 주먹 한 개가 들어갈 정도 거리를 두고 등을 곧게 한다.
- 시선은 상대의 미간을 본다.
- 다리는 수직이 되게 한다.
- 발끝은 가지런히 모아 정면을 향하게 한다.
- 발끝은 조금 앞으로 내민다.

 확인해 볼까요?

✅ **다음 중 인사에 대한 설명으로 바르지 못한 것은 무엇인가?**

① 목례 : 약 15도 각도의 가벼운 눈인사

② 보통례 : 약 30도 각도의 일상적인 배웅인사

③ 정중례 : 약 45도 각도의 정중한 인사

④ 정해져 있는 인사의 양식이 있더라도 상황에 맞게 융통성을 기하는 것은 불가능하다.

유연하고 정확한 소개는 상대방과의 관계 진전에 있어 첫 단추를 잘 끼운 것과 같다.

이와 같은 비즈니스 매너는 익숙하도록 숙지하지 않는 이상, 누구나 한 번쯤은 시행착오를 겪었을 만큼 어려운 일이다. 특히, 경력이 낮고 젊은 직원일수록 그런 비율이 다소 높다. 하지만 소개를 하는 자리에서 잘 숙지하여 능숙하게 행동하면, 비즈니스상의 실수를 줄이고, 남다른 인상을 줄 수 있다. 그러면 소개 순서 매너에 대하여 알아보도록 하자.

1 소개 순서

다수의 사람을 소개할 때에는 복잡하고 어수선해질 수 있어, 실수하기가 매우 쉽다. 그러므로 소개 순서를 잘 숙지하여 소개할 필요가 있다.

기본적으로는 어리고 직위가 낮은 사람부터 소개하는 것이 원칙이다. 연령은 어리지만 직위가 더 높을 경우는 직위를 우선으로 하는 것이 원칙이다. 또, 제3자로서 두 사람을 서로 소개해야 할 경우에는 남성을 여성에게, 직위가 낮은 사람을 직위가 높은 사람에게, 상사를 고객에게 먼저 소개한다. 상사가 고객에게 직원을 소개하는 경우도 있다. "저는 ○○○사의 ○○○부장입니다. 이쪽은 ○○○차장입니다." 등으로 자신을 소개하고 나서 직원을 소개하는 방식을 택하면 된다.

연령이나 사회적 지위가 모두 비슷한 경우는 소개하는 사람이 있는 위치에서 가까운 사람부터 소개한다. 처음 만나는 사람에게 자신의 이름을 밝히면서 "홍 길자 동자"라고 하는 경우가 종종 있는데, 이렇게 이름자를 나누는 것은 자신의 부모 이름을 말할 때뿐이라는 사실 기억하자. "저는 홍길동입니다."라고 하면 된다.

❀ 자기 자신을 소개할 때
- 자신의 지위를 밝히지 않고 이름과 성을 알려주는 것이 상례이다.
- 자신의 이름 앞에 Mr, Miss와 같은 존칭은 붙이지 않는다.

❀ 상대방을 소개할 때
- 가장 나이가 어리거나 지위가 낮은 사람을 먼저 소개한다.
- 여성을 존중하는 의미에서 남성부터 소개한다.
- 지위나 나이가 비슷한 경우는 소개하는 사람과 가까운 곳에 있는 사람부터 소개한다.

- 자기회사 사람을 거래처회사 사람에게 먼저 소개한다.
- 한 사람을 먼저 여러 사람에게 소개하고 난 뒤 여러 사람을 한 사람에게 소개한다.
- 소개자의 성명, 소속 직책명 등을 간단명료하게 말한다.

2 소개의 5단계

- 1단계 : 일어선다
  - 동성끼리 소개받을 때는 서로 일어선다.
  - 남성이 여성을 소개받을 때는 반드시 일어선다.
  - 여성은 연장자가 아닌 경우 남성을 소개받을 시 반드시 일어나지 않아도 된다.
  - 연장자, 성직자, 상급자를 소개받을 때는 남녀에 관계없이 일어나야 한다.
- 2단계 : 상대방의 눈을 바라보며 즐거운 표정을 짓는다.
- 3단계 : 악수나 인사를 한다.
- 4단계 : 인사를 하면서 상대방의 이름을 반복한다.
- 5단계 : 대화가 끝난 후에는 마무리 인사를 한다.

3 각종 파티에서 소개법

- 만찬이나 오찬 시에는 주빈에게 모든 손님을 소개한다.
- 안주인은 손님과 인사를 주고받은 후 주빈이나 지위가 높은 사람에게 소개한다.
- 지위가 높은 사람이 다른 곳에 있을 경우 안주인은 손님을 동반하고 그곳까지 가서 소개한다.
- 외국인이 참석한 경우 안주인은 대화가 가능한 사람을 소개한다.
- 손님이 많을 경우 전부 소개할 필요는 없으나 외국인은 전원에게 소개한다.
- 리셉션에서 주빈에게는 모든 손님을 소개한다.
- 리시빙 라인에서의 접견이 끝난 후에 도착한 손님은 안주인이 주빈이 있는 곳으로 안내하여 소개시킨다.
- 처음 온 손님을 안주인이 먼저 도착한 손님들에게 소개시켜 준다.

(3) 악수 매너

악수는 인사, 감사, 친애, 화해 따위의 뜻을 나타내기 위하여 두 사람이 각자 한 손을 마주 내어 잡는 일로, 보통 오른손을 내밀어 잡는다.

그렇다면 왜 오른손이어야 할까? 옛날에는 대부분의 사람들이 오른손을 사용했다. 왼손잡이가 있어도 오른손을 사용하게 했다고도 한다. 전쟁을 할 때에도 오른손에 무기를 잡고 적을 무찔렀기 때문에 모르는 사람을 만날 때에는 오른손을 보여주어, 적이 아님을 알렸다고 한다.

그러므로 상대방이 오른손에 무기를 들었다는 것은 악의가 있다는 의미가 되기 때문에 빈 오른손을 보여주어 호의를 표시한 것이 지금의 악수의 유래라 할 수 있다.

이와 같은 악수의 순서와 방법에 대하여 알아보자.

1 악수하는 방법

먼저, 바른 자세를 유지한 후 밝고 호의적인 표정으로 상대의 눈을 바라본다. 목례와 함께 오른손으로 악수를 권한다. 오른손에 적당히 힘을 주어 잡은 후 맞잡은 손을 2~3번 가볍게 흔들어 정성을 더한다. 왼손을 자연스럽게 내려서 바지 재봉선에 붙이기도 하지만, 한국문화의 정서상 윗사람과의 악수의 경우는 왼손을 오른쪽 팔꿈치에 갖다대어 상대에 대한 예를 표하기도 한다. 일반적으로 고객, 상사, 여성이 먼저 청하는 것이 원칙이다.

2 악수의 순서

악수의 순서는 보통 직위가 높은 사람이 직위가 낮은 사람에게 먼저 청할 수 있다. 마찬가지로 연장자가 연소자에게 먼저 청하며, 여성이 남성에게 먼저 악수를 청할 수 있다. 하지만 남성이 직위가 더 높을 경우에는 성별보다는 직위를 우선으로 하여 순서는 정해진다. 이외 선배가 후배에게, 기혼자가 미혼자에게 청할 수 있다.

• 직위가 높은 사람이 직위가 낮은 사람에게

- 연장자가 연소자에게
- 기혼자가 미혼자에게
- 여성이 남성에게
- 선배가 후배에게

3 악수 시 해서는 안 되는 일

- 손끝만 살짝 잡는 것
- 악수하면서 상대방의 손등을 비비기
- 주머니에 손을 넣은 채로 악수하는 것
- 장갑 끼고 악수하는 경우—결혼식에서 장갑은 예외
- 앉아서 악수하는 경우—글로벌 매너에서 여성의 경우 앉아서 남성과 악수할 수 있음
- 왼손으로 악수하는 경우
- 손에 물기나 땀이 있는 상태로 악수하는 것

이외에 공경의 표시지만 허리를 지나치게 숙이지 않는 것이 좋으며, 손을 오랫동안 잡고 놓지 않는 행동은 하지 않는다.

(4) 명함 매너

명함은 루이 14세 때부터 사용했다고 전해지며, 루이 15세 때에는 현재와 같은 동판 인쇄의 명함을 사교에 사용했다고 한다. 명함 사용의 시초로 추정되는 중국에서는 아는 사람 집 방문 후 상대가 부재 시 자신이 방문했다는 표시로 자기 이름을 쓴 것을 놓고 명함이 되었다는 유래가 있다. 독일의 경우도 중국과 비슷한 16세기경 이름을 적은 쪽지를 사용했다고 한다. 이처럼 동양의 경우는 중국이, 서양의 경우는 프랑스가 가장 먼저 명함을 사용하기 시작한 나라로 전해지고 있다.

이러한 명함수수는 인맥관리의 기술 중에서도 가장 중요한 기술 중의 하나이다. 상대와의 첫 만남에서 나를 표현하는 방법 중 하나이자, 나와 회사를 평가하는 하나의 수단으로 보여지기 때문이다.

성공한 CEO들이 "그 사람의 성공은 대부분 명함에서 나온다."라고 입을 모아 이야기하듯이, 사회생활에서는 사람이 곧 재산인 만큼 다른 사람보다 정보를 획득할

수 있는 능력, 사람을 소개받을 수 있는 능력, 기회 획득에 발 빠르게 대처하는 능력이 모두 명함에서 나온다고 해도 과언이 아니다.

명함이 자신을 표현하는 수단이라면, 명함을 주고받는 행위는 그 사람을 평가하는 수단으로 보여질 수 있으므로 명함을 주고받는 매너는 매우 중요하다고 할 수 있다. 그러면 명함을 주고받는 예절에 대하여 알아보도록 하자.

1 명함을 주는 매너

- 앉아서 인사를 하더라도 명함을 주고받을 때에는 반드시 일어서서 주고받는다.
- 명함지갑에서 꺼내서 건네주고 받은 명함도 명함지갑에 넣는다.
- 건넬 때의 위치는 상대방의 가슴높이로 일어서서 건넨다.
- 상대방이 읽기 쉽도록 명함의 위쪽이 자신을 향하도록 하여 주며, 오른쪽 끝을 잡고 글자가 잘 보이도록 건넨다.
- 자신의 소속과 이름을 확실하게 밝히며 준다.

2 명함을 받을 때 매너

- 가볍게 목례하며 두 손으로 받아 예의를 표한다. 두 손으로 주고받는 것이 기본 매너이지만, 왼손을 오른손 팔꿈치에 대어 주는 것도 무방하다.
- 받은 명함은 바로 명함지갑에 넣지 않고, 상대의 회사 및 소속과 이름을 확인 후 상대의 이름과 직책을 호명할 일이 생기면 직책으로 호명을 하여 매너를 더한다.
- 받은 명함은 허리 아래로 내려가지 않게 주의하되, 가슴높이 선에서 받는다.
- 회의 시 테이블을 사이에 두고 있다면 받은 명함을 미팅하는 동안 테이블 위, 자신의 위치와 가까운 곳에 반듯하게 올려놓는다. 상대의 직급과 이름을 가급적이면 자주 언급하여 어색함을 줄이고 친근감을 더하여 주도록 한다.
- 자리를 마무리하고 인사를 나누면서 받은 명함은 명함지갑에 집어 넣는다.

1. 명함을 꺼낼 때 주의해야 할 사항은 어떤 것들이 있을까?

• 63

- 거래처와의 회의가 있을 때 명함수수는 자신뿐만 아니라 회사의 첫 이미지가 되기도 한다. 예로, 거래처에서는 명함을 주고받을 준비가 다 되었는데, 아직도 재킷 안주머니나 지갑을 뒤지고 있다면 당신은 준비가 안 된 사람으로 인식될 뿐 아니라, 회사 전체의 신뢰도에도 문제가 발생할 수 있음을 알아두자. 작고 사소한 행동이 자신뿐 아니라 기업 전체의 좋지 못한 이미지로 상대에게 낙인될 수 있음을 명심해야 할 것이다.
- 상대와 명함을 주고받을 때 회사 / 소속 / 이름을 확인해야 하는 이유는 바로 직책에 있다. 직책은 상대가 사회에서 얻은 지위와 위치를 나타내는 것으로 직위를 잘못 오인하여 호명하게 되면, 이는 비즈니스에 있어 큰 실수에 해당한다.
- 주고받은 명함으로 낙서나 부채질을 하는 행위도 대단한 실례이다. 명함은 곧 그 사람이기에 상대의 얼굴에 낙서를 하는 것과 같으므로, 아무렇게나 다루는 모습을 보여서는 안 된다.
- 읽기 어려운 한자나 영어라면 상대에게 묻는 것이 매너이다.

3 명함을 주고받는 순서 예절

일반적으로 직위가 낮은 사람이 직위가 높은 사람에게 먼저 명함을 건넨다. 이를 테면, 연장자와 연소자가 명함을 주고받을 때에는 연소자가 먼저 연장자에게 건네는 것이 순서이지만, 연소자 직위가 더 높을 경우는 직위가 낮은 연장자가 먼저 건네는 것이 원칙이다.

또한 남성이 여성에게, 미혼자가 기혼자에게 전달하는 것이 순서이지만, 이 또한 직위가 높고 낮음에 따라 직위를 우선으로 하여 순서는 정해진다고 할 수 있다.

- 직위가 낮은 사람이 직위가 높은 사람에게
- 연소자가 연장자에게
- 미혼자가 기혼자에게
- 남성이 여성에게
- 후배가 선배에게
- 방문한 사람이 방문한 곳의 직원에게

(5) 안내 예절

고객이 방문할 경우 안내를 할 때에도 지켜야 할 매너가 있다. 어떤 것들이 있는지 구체적으로 알아보자.

❶ 고객의 바로 앞에 서서 이동하기보다는, 대각선 방향고객에게는 130도 각도로 2~3걸음 앞에서 고객과의 보조를 맞춰가면서 이동한다.

　※ 안내가 아닌 수행의 경우에는 상대방 앞이 아닌 뒤에서 이동한다.

❷ 안내 시 눈, 입, 어깨, 손을 동시에 사용하여 안내하도록 하며, 손 모양은 손 전체를 이용하여 예의를 더한다.

❸ 손가락은 가지런히 펴고 엄지손가락을 벌리지 않은 상태에서 손바닥을 위로 하여 방향을 안내하도록 한다.

❹ 오른쪽을 안내할 시 오른손을, 왼쪽을 안내할 시 왼손을 이용하며, 이때 팔의 각도를 달리하여 원근거리를 나타내며 안내하도록 한다.

　❗ 주의할 점
　　1. 손가락을 이용한다거나 필기도구 등으로 안내할 경우 상대가 불쾌감을 느낄 수 있으므로 주의한다.
　　2. 손목이 꺾이지 않도록 한다.
　　3. 가리키는 방향의 시선을 무시한 채 안내하지 않도록 한다.

❺ 고객이 길을 물을 때에는 고객 질문에 복창하면서 시선은 3점법을 이용하여 안내한다.

　　※ 상대방의 눈 – 가리키는 방향 – 상대방의 눈

❻ 고객의 질문에 복창하면서 안내하도록 한다.

　　㉄ 화장실 말씀이십니까? 화장실은 바로 왼쪽 코너에 있습니다.

(6) 문 여닫이 매너

안내나 수행을 하다 보면, 문을 여닫는 경우가 종종 발생한다. 문에도 여러 종류가 있고, 그 형태에 따라 행하는 매너도 다양하다.

1 회전문일 경우

- 수동문 - 고객에게 양해를 구하고 먼저 들어가 문을 밀어 드린다.
- 자동문 - 고객이 먼저 들어가도록 하고 안내자가 뒤따른다.

2 여닫이 문일 경우

문을 당겨서 열 경우에는 문을 열고 손잡이를 잡은 후, 고객이 먼저 안으로 들어가도록 안내하고, 문을 밀어서 열 경우에는 안내자가 먼저 문을 열고 들어가서 방문객이 안으로 들어오도록 한다.

3 미닫이 문일 경우

들어가고 나올 때 모두 안내자가 문을 열고, 고객이 먼저 들어가고 먼저 나올 수 있도록 한다.

(7) 상석 배치

일반적으로 상석이란 차례나 위계가 있어 윗사람이 앉은 자리 혹은 맨 위의 자리라는 의미를 뜻한다. 온돌을 사용하던 옛 시절에는 따뜻한 아랫목에서 가장 어른이 식사를 하시는 곳이 상석이었고, 현재는 그 형태가 많이 변화되어 다함께 테이블에서 식사를 하지만 엄연히 상석은 존재한다. 또한, 같은 장소에서 모임이 있는 경우 상하의 위계가 생기기 마련인데, 위계가 정해지면 앉거나 서 있는 자리도 위계에 의해 맞추는 것이 관례이다. 기본적으로 손님이 가장 편안함을 느끼고 쾌적하게 여길 수 있는 곳이 상석이지만, 회의장 구조나 성격 그리고 접견실의 형태에 따라 상석은 달라질 수 있다. 그렇다면 상석은 어떻게 구분되어지고, 그 조건은 무엇인지 알아보자.

1 상석의 조건

✿ 입구로부터 먼 거리

서양에서는 출입문에서 멀고, 문이 보이는 자리를 가장 상석으로 보고 있다. 이는 역사적으로 중세시대 때부터 유래된 것으로 '적의 갑작스러운 공격'을 피하기 위해 입구에서 먼 거리에 앉게 된 것이 지금의 상석이 되었다.

- 입구에서 멀되, 문을 열었을 때 고객의 얼굴을 바로 볼 수 있는 자리
- 고객이 문을 열고 들어오는 사람들과 인사를 바로 할 수 있고 환영받을 수 있는 자리

✿ 전망이 좋은 자리

최근에는 전망이 좋은 자리를 위주로 상석을 정하고 있는 추세이다. 창 밖으로 내다보이는 입구 방향 자리가 있다면 전망 좋은 방향의 자리가 우선되기도 한다.

✿ 바깥 풍경과 인테리어가 한 눈에 들어오는 자리

창문이나 액자가 있는 경우 전망이나 그림이 보이는 자리

✿ 책장 등 지저분한 곳이 보이지 않는 자리

✿ 고객이 안정을 느끼는 자리

상황과 위치에 따라 상석은 정해져 있지만, 그 자리가 말석이더라도 고객이 원하는 자리는 상석으로 간주하고, 회의나 모임을 그 자리를 주축으로 다시 세팅하여 준비하는 것이 필요하다. 그러나 시끄럽거나 사람의 출입이 잦은 자리는 고객에게 다른 자리로 권하도록 한다.

- 고객이 오래 앉아 있어도 편안한 자리
- 고객이 느끼기에 편안한 자리

2 상석 사례

✿ **자동차에서의 상석** *

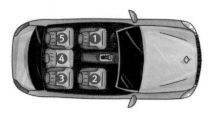

* <정부의전편람>, p.73, 2014. 행정자치부

• 운전기사가 있는 경우 상석위치는

❸ – ❺ – ❷ – ❹ – ❶

❸ : 사고 시 가장 안전하고 타기 편한 좌석

❺ : 그 다음 상석으로 타고 내리기 쉬운 좌석

❷ : 운전석의 옆자리

❹ : 가장 말석

• 운전기사가 없거나, 가장 높은 직위의 사람이 직접 운전할 경우

❶ – ❷ – ❸ – ❺ – ❹

❷ : 가장 상석이 되는 좌석. 배우자 좌석이기도 하며, 오너 옆 좌석으로 대화가 가능한 좌석

❸ : 사고 시 가장 안전한 좌석

❺ : 3번과 마찬가지로 안전한 좌석

❹ : 앉아 있기 가장 불편한 좌석

✿ **엘리베이터에서의 상석**

하루에도 몇 번씩 다양한 사람들과 마주하는 엘리베이터에도 지켜야 할 예절이 있는데 바로 직위가 높은 사람이나 연령이 높은 사람에게 상석을 양보하는 것이다. 엘리베이터에도 자동차와 같은 상석이 엄연히 존재한다.

❶ 최고상석   ❷ 1번 최고 상석의 오른쪽
❸ 이동이 없는 자리   ❹ 층수를 누르거나 오픈, 클로즈 버튼 조작

• 67

고객을 모시고 엘리베이터를 탈 경우

엘리베이터 안내자가 있는 경우
- 고객이 먼저 타고 먼저 내린다.

엘리베이터 안내자가 없는 경우
- 직원이 고객에게 양해를 구한 후 먼저 타서 열림 버튼을 누른 후, 고객을 모시고 내릴 때는 고객이 먼저 내리도록 한다.

> 에스컬레이터와 무빙워크의 경우는 손님이 미처 타지 못할 경우가 발생할 수 있으므로 올라갈 때나 내려갈 때 모두 고객이 먼저 타고 먼저 내리도록 하고 안내자가 뒤따른다.

✿ 계단에서의 상석

고객을 안내할 때 계단을 이용할 경우 안전한 난간을 잡고 걸어갈 수 있는 곳이 상석이 된다. 코너에서 동선이 짧아서 바깥쪽보다는 다소 편안하고 안전한 자리이다.
- 계단에서 올라갈 때는 남성이 먼저, 내려갈 때는 여성이 먼저 걷는다.
- 계단을 오를 때에는 고객이 앞에 서고 안내자가 뒤를 따라가도록 하며, 계단을 내려갈 때에는 고객보다 1~2계단 앞에서 안내하도록 한다.
  ※ 단, 스커트 입은 여성은 예외

(8) 호텔 매너

비즈니스 매너에서 가장 중요한 것 중 하나가 호텔 매너일 것이다. 호텔은 각종 편의시설과 서비스를 갖추고 고객을 맞이하고 있으며, 호텔을 잘 이용하는 사람은 편안하고 편리한 여행을 즐길 수 있을 것이다. 호텔을 잘 이용하는 방법과 매너들을 알아보도록 하자.

1 호텔 입구

- 차량을 가져가거나 걸어서 입구에 도착할 때 가장 먼저 손님을 맞이하고 마지막을 배웅하는 도어맨을 만날 수 있다. 도어맨은 차량을 안전하게 안내하거나 소통이 원활할 수 있도록 한다.

- 도어맨의 안내를 받고 차에서 내린 후 짐이 있으면, 벨맨의 도움으로 짐을 운반하게 되며, 프론트로 안내를 받는다. 보통은 도움을 받은 벨맨에게 팁*을 주지만, 한국의 경우는 이미 봉사료에 팁이 포함되어 있기 때문에 따로 팁을 줄 필요가 없다.

2 호텔 객실

- 프론트*에서 배정된 객실열쇠를 받고 해당 객실을 벨맨의 안내를 받아 간다. 이때 예약을 했을 시, 체크인은 대개 14:00시에 하며, 사전에 연락을 취하지 않고 18:00시를 넘길 경우는 취소가 될 수 있으니 주의해야 한다. 체크아웃은 11:00시에 하는데, 청소시간이 대략적으로 11:00~12:00시 이후에 이루어지므로, 체크아웃 시간이 더 소요될 경우는 프론트에 미리 양해를 구하도록 한다.
- 객실에 도착하면 객실 내 전등, 화장실의 냉·온수, 도어체인 상태 등을 파악하여 문제는 없는지 살핀다. 혹시 문제가 발생할 시 객실 변동 요청을 하도록 하여 객실 사용에 불편함이 없도록 한다.
- 객실을 이용할 시 잠옷이나 가운차림으로 복도를 돌아다니지 않도록 하며, 보통의 호텔 객실은 자동으로 문이 잠기기 때문에 이 점을 유의해야 한다. 외출할 시에는 귀중품은 프론트데스크나 세이프티 박스에 맡기도록 한다.

팁 매너
(To insure romptness)
- 매일 아침 침대 베개 옆 1달러 지폐 혹은 현지 화폐를 놓는다.
- 보통은 청구액의 10~15% 정도를 테이블에 남기는 것이 매너이다.
- 한국과 일본은 팁 제도가 없다.

* 프론트 클러크는 객실 예약을 확인하고 판매하는 업무를 담당한다. 예약된 리스트를 근거로 그날 투숙 예정인 고객층을 사전에 객실을 배정하고 체크인 시 혼잡함을 방지할 수 있도록 한다.

- 객실 내부에 미니바를 이용할 때는 무료로 제공되는 생수 이외에는, 계산에 다 포함되므로 유의하도록 한다.
- 호텔을 1박 이상 머물 경우 '방을 청소해 주세요', '방해하지 마세요'라는 D.D카드를 문고리에 걸어두면 적절한 서비스를 받을 수 있다. 최근에는 카드 대신 객실 현관문 근처에 D.D버튼을 설치하여 고객이 원하는 서비스 버튼을 누를 수 있도록 편의를 제공하고 있다.

3 호텔 식사 매너

- 호텔 레스토랑에서 식사를 할 때에 일반적으로 넥타이를 매는 것이 좋으며, 특히 저녁식사에는 예를 갖추고 식사하는 것이 일반적이다.
- 호텔 원탁형 탁자 배치에서 주최자 오른쪽_{주최자 중심으로}이 왼쪽보다 상석이다.

① 주최자
② 주최자 부인
③ 접대해야 할 남자 손님
④ 접대해야 할 남자손님 부인
⑤ 그 다음 중요한 남자 손님
⑥ 그 다음 중요한 여자 손님

- 의자에 착석할 때에는 테이블과 좌석 사이 일정 간격을 두도록 하며, 테이블 위 턱을 괴거나 팔꿈치를 올리지 않도록 주의한다.
- 여성의 경우 소지품이나 핸드백을 테이블 위에 올리지 말고, 의자와 등 뒤 사이에 놓거나, 바닥에 놓도록 한다. 남성의 경우도 가방은 의자와 의자 사이에 놓도록 한다.
- 식사 시 냅킨은 펴서 무릎 위에 두며, 잠시 자리를 비우고자 할 때에는 냅킨을 반으로 접어 의자 위에 놓도록 한다. 식사가 끝난 후에는 테이블 위에 올려놓으면 된다.
- 식전에 나오는 빵은 입맛을 정돈하기 위해 먹는 것으로 칼을 대지 않고, 손으로 뜯어서 먹는다. 또한, 테이블에서 좌측에 있는 빵과 우측에 있는 물컵이 본인의 것이니 이 점 유념하여 식사 시 당황하지 않도록 한다.
- 접시를 기준으로 포크는 왼쪽, 나이프는 오른쪽에 위치하며, 식사 시는 바깥쪽에 있는 포크, 나이프를 순서대로 사용하여 식사를 한다.

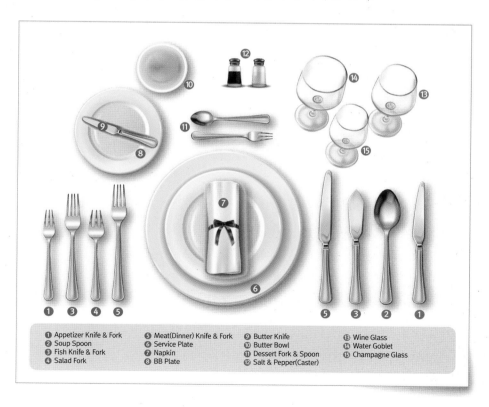

① Appetizer Knife & Fork
② Soup Spoon
③ Fish Knife & Fork
④ Salad Fork
⑤ Meat(Dinner) Knife & Fork
⑥ Service Plate
⑦ Napkin
⑧ BB Plate
⑨ Butter Knife
⑩ Butter Bowl
⑪ Dessert Fork & Spoon
⑫ Salt & Pepper(Caster)
⑬ Wine Glass
⑭ Water Goblet
⑮ Champagne Glass

- 식사 시작과 도중을 알리는 것은 나이프와 포크를 활용하여 시계 방향 8시 20분 방향으로 놓으면 되는데, 이 의미는 '식사 시작 혹은 식사 중'임을 알리는 것으로 종사원과의 무언의 의사소통에 해당한다. 또한, 식사의 끝은 4시 20분 방향으로 포크와 나이프를 일직선으로 평행하게 놓으면 된다.

④ 기타 호텔 서비스

- 객실 내에 비치되어 있는 메뉴를 보고 식사나 음료 등을 전화로 주문하여 객실까지 배달해 주는 룸 서비스를 이용할 수 있다. 룸 서비스는 종류가 한정되어 있으나, 메뉴에 없는 요리도 때에 따라서는 주문이 가능하다.
- 병원에 급하게 가야 할 응급상황에서는 호텔 프론트로 도움을 요청하면 병원과 바로 연결해 준다.
- 해당 여행지의 관광 및 쇼핑 등은 컨시어지*를 통해 소개받을 수 있다.

컨시어지
관광지, 교통, 식당, 쇼핑 등 관광지 전반에 관련된 고객이 원하는 정보를 수집하여 안내하는 직무로서, 종합 안내 서비스를 담당한다.

호텔용어

- **Amenity** 고객의 편의를 꾀하고 격조 높은 서비스 제공을 위하여 객실 등 호텔에 무료로 준비해 놓은 각종 소모품 및 서비스용품
- **Back of the house** 호텔의 후방, 고객에게 노출되지 않은 장소사무실이나 주방 등을 말함
- **Blocked Room** 예약이 되어 있는 단체, 국제회의 참석자, VIP를 위해 사전에 객실을 지정해 놓는 것
- **Commercial Rate** 특정 회사와 호텔 간에 계약에 의하여 일정한 비율로 숙박 요금을 할인해 주는 제도. 대개는 10~25% 정도 할인 혜택이 주어짐.
- **Complimentary** 호텔 선전을 위한 목적 등으로 무료로 제공되는 객실이나 기타 물질적 서비스를 말하며, 보통 약칭으로 컴프Comp라고 함.
- **Waiting List** 이미 예약이 만원되어 있는 좌석 또는 호텔 객실을 예약하기 위하여 이미 예약된 것 중 취소되는 것을 기다리고 있는 사람의 명부를 말함.
- **Walk-in Guest** 예약 없이 호텔을 오는 고객을 칭함.
- **Valet Parking Service** 자가운전자를 위하여 Car Jockey가 주차시켰다 호

출 시 손님에게 가져다 주는 서비스

- Up Grading　고객이 예약한 등급의 객실보다 비싼 객실에 투숙시키는 것을 말함.
- Turn Away　객실 부족으로 고객을 더 받을 수 없을 때, 예약된 고객을 다른 호텔에 주선하여 보내는 것을 말함. 호텔끼리 Turn Away를 하는 곳이 있음.
- To insure Promptness　민첩한 서비스를 보장받기 위해 서비스맨에게 베푸는 손님의 호의봉사료
- Sleeper　손님이 이미 체크아웃하여 객실이 비어있는데도 등록카드에 대한 정리가 잘 이루어지지 못해 객실판매를 하지 못한 경우를 말함.
- Skipper　정당한 체크아웃 절차를 이행하지 않고 떠나거나 식당에서 식대를 지불하지 않고 몰래 떠나는 손님을 일컫는 말로, 호텔에서는 이와 같은 고객을 따로 관리하여 몇 달~몇 년 뒤에 오더라도 기록이 다 남겨져 있음.
- No Show　객실을 예약한 고객이 사전에 아무런 연락 없이 나타나지 않는 경우를 이르는 용어로, 이런 경우에는 예약 시 신용카드 번호를 남겼다면, Guaranteed Payment Reservation개런티 지불 예약으로 객실료를 청구할 수 있음.
- Go-Show　사전 예약 없이 호텔에 와서 No-Show된 방을 구입하는 경우

객실 위치와 용도에 의한 분류

- Connecting Room　객실과 객실 사이에 통용문이 있어 두 객실 사이를 열쇠 없이도 옆방으로 드나들 수 있는 통용객실
- Adjoining Room　인접된 객실로 나란히 붙은 객실을 의미하며, Connecting Room처럼 객실과 객실 사이에 통하는 문은 없는 객실
- Outside Room　객실 창문이 밖으로 향해 있어 외부 조망이 확보되어 전망이 좋은 객실
- Inside Room　Outside Room과 반대되는 개념으로 호텔 건물 내부에 또는 뒤쪽에 위치하여 경관을 볼 수 없는 객실
- Ondol Room　객실 내부가 보료, 요, 이불 및 한국 전통 가구 등이 설치되어 한국의 정취를 느끼게 하는 전통객실

침대 수와 침대 구조에 의한 분류

- **Single Room** 침대 하나의 일인용 객실로 주로 Business Hotel에 있는 객실 타입
- **Double Room** 한 객실에 두 사람이 숙박할 수 있는 2인용 침대를 갖춘 객실 타입
- **Twin Room** 한 객실에 1인용 침대를 2개 넣어 2인의 여행객이 이용할 수 있도록 하는 객실 타입

▲ Double Room 예시(출처: 스텔라마리나호텔)

- **Triple Room** Twin Room에 침대를 하나 더 추가한 객실로서, 가족 단위나 2명 이상의 여행객들이 이용할 수 있도록 하는 객실 타입
- **Studio Room** Business Hotel에서 흔히 볼 수 있는 객실로 타 객실들과는 달리 침대와 소파를 겸용으로 활용할 수 있도록 소파형 침대가 설치되어, 낮에는 사무실로, 밤에는 침실로 이용할 수 있도록 하는 객실 타입

▲ Twin Room 예시(출처: 경주힐튼호텔)

- **Suite Room** 한 객실 안에 침실과 거실 겸 응접실이 하나로 연결되어 있는 객실 타입

객실 등급에 의한 분류

- **Standard Room** 일반적인 객실로서, 가장 저렴하게 이용할 수 있으며, 평수가 적고 조망이 많이 확보되지 못한 객실

- Deluxe Room   일반 객실보다 평수가 좀 더 넓고 다소 높은 층에 위치하여 경관이 좋은 객실
- Executive Floor Room   비즈니스 고객의 숙박 편의를 위해 일반객실층과 차등을 이루고 있는 곳으로 비즈니스 고객 사무를 위해 관련시설 및 차원 높은 서비스를 제공받을 수 있는 객실
- Suite Room   모든 시설이 완비되어 있으며, 최고급 자재를 사용한 호화객실로 로열 스위트나 프레지덴셜 스위트 같은 이름을 붙여 표현함.

(9) 해외여행 및 항공기 매너

세계화 시대에 국제시민으로서 의식을 갖고 한국인을 대표하는 마음으로 여행을 즐기기 위해 여행 기본매너에 대하여 알아보도록 하자.

1 여권 Passport

여권은 해외여행을 하는 국민에게 정부가 발급하는 증명서류로, 여행객의 국적을 기록하고 해외여행을 하는 데 있어서 편의와 보호를 받을 수 있도록 하기 위한 증명서이다.

여권은 유효기간에 따라 나뉘는데, 크게 복수여권과 단수여권으로 나뉜다.

- 복수여권 : 유효기간이 10년이고 10년 내에 횟수 상관없이 사용할 수 있지만, 여권 만료일 6개월 전에 기간을 연장하여 사용해야 한다.

| 일반여권(남색) | 관용여권(진회색) | 외교관여권(적색) | 내지 |

- 단수여권 : 유효기간이 1년으로 단 한 번으로 제한되어 있는 여권이다. 병역의무자로 해외여행 허가기간이 6개월 미만일 경우 단수여권이 발급된다.

2 비자 Visa

비자는 본인이 방문하고자 하는 해당 국가로부터 입국허가를 받는 출입허가증이다. 어떠한 목적으로 얼마 동안 체류를 허가하는지가 비자에 명시되며, 반드시 그 목적과 기간을 준수해야 한다.

❁ 한국인의 무사증입국이 가능한 국가 2020.01 기준

지 역	국 가	우리 국민 무사증 입국 가능 여부 및 기간			무사증 입국 근거
		일반여권 소지자	관용여권 소지자	외교관여권 소지자	
아주지역 (20개 국가 및 지역)	대만	90일	90일	90일	상호주의
		※ 여권 유효기간 6개월 이상 필수			
	동티모르	×	무기한	무기한	일방적 면제
	라오스	30일	90일	90일	일방적 면제/협정
	마카오	90일	90일	90일	상호주의
		※ 단수여권 및 여행증명서 소지자는 사증 필요 입국허가(도착사증) 신청 시 100마카오 달러			
	말레이시아	90일	90일	90일	협정
	몽골	×	90일	90일	일방적 면제/협정
	미얀마	30일(한시적: ~2020.9.30.까지)	90일	90일	일방적 면제/협정
	방글라데시	×	90일	90일	협정
	베트남	15일	90일	90일	일방적 면제 /협정
	브루나이	30일	30일	30일	상호주의
	싱가포르	90일	90일	90일	협정
	인도	×	90일	90일	협정
	인도네시아	30일	14일	14일	일방적 면제 /상호주의
	일본	90일	90일	90일	상호주의/협정
	중국	×	30일	30일	협정
		※ 단, 일부지역의 경우 무사증 정책 시행 중			

지 역	국 가	우리 국민 무사증 입국 가능 여부 및 기간			무사증 입국 근거
		일반여권 소지자	관용여권 소지자	외교관여권 소지자	
	캄보디아	×	60일	60일	협정
	태국	90일	90일	90일	협정
	파키스탄	×	3개월	3개월	협정
	필리핀	30일	무제한 (공무 목적이 아닌 경우 30일)	무제한 (외교 목적이 아닌 경우 30일)	일방적 면제 /협정
		※ 출국 예약 항공권 필요(단기 여행객 및 투숙객)			
	호주	90일	×	×	상호주의
		※ 전자여행허가(ETA) 사전신청 필요			
	홍콩	90일	90일	90일	상호주의
미주지역 (34개국)	가이아나	90일	90일	90일	상호주의
	과테말라	90일	90일	90일	협정
	그레나다	90일	90일	90일	협정
	니카라과	90일	90일	90일	협정
	도미니카(공)	90일	90일	90일	협정
		※ 최초 입국 시 30일 무사증 체류기간 부여, 추가 60일은 도미니카공화국 이민청에서 체류 연장 승인			
	도미니카(연)	90일	90일	90일	협정
	멕시코	90일	90일	90일	협정
	미국	90일	×	×	상호주의
		※ 전자여행허가(ESTA) 사전신청 필요			
	바베이도스	90일	90일	90일	협정
	바하마	90일	90일	90일	협정
	베네수엘라	90일	30일	30일	협정
	벨리즈	90일	90일	90일	일방적 면제/협정
	볼리비아	×	90일	90일	협정
	브라질	90일	90일	90일	협정
	세인트루시아	90일	90일	90일	협정
	세인트빈센트 그레나딘	90일	90일	90일	협정
	세인트키츠네 비스	90일	90일	90일	협정

지 역	국 가	우리 국민 무사증 입국 가능 여부 및 기간			무사증 입국 근거
		일반여권 소지자	관용여권 소지자	외교관여권 소지자	
미주지역 (34개국)	수리남	90일	90일	90일	협정
	아르헨티나	90일	90일	90일	일방적 면제/협정
	아이티	90일	90일	90일	협정
	안티구 아바부다	90일	90일	90일	협정
	에콰도르	90일	90일	입무수행 기간	상호주의/협정
	엘살바도르	90일	90일	90일	협정
	온두라스	90일	90일	90일	상호주의
	우루과이	90일	90일	90일	협정
	자메이카	90일	90일	90일	협정
	칠레	90일	90일	90일	상호주의
	캐나다	6개월	6개월	6개월	상호주의
		※ ETA(전자여행허가제) 사전등록 필요			
	코스타리카	90일	90일	90일	협정
	콜롬비아	90일	90일	90일	협정
	트리니다드 토바고	90일	90일	90일	협정
	파나마	180일	180일	180일	협정
		※ 협정상 90일이나, 주재국 행정명령에 의해 180일까지 무사증 체류 인정			
	파라과이	30일	90일	90일	상호주의/협정
	페루	90일	90일	90일	협정
유럽지역 (솅겐 가입국 26개)	그리스	90일	90일	90일	협정
	네델란드	90일	90일	90일	협정
	노르웨이	90일	90일	90일	협정
	덴마크	90일	90일	90일	협정
	독일	90일	90일	90일	협정
	라트비아	90일	90일	90일	협정
	룩셈부르크	90일	90일	90일	협정
	리투아니아	90일	90일	90일	협정
	리히텐슈타인	90일	90일	90일	협정
	몰타	90일	90일	90일	협정

지역	국 가	우리 국민 무사증 입국 가능 여부 및 기간			무사증 입국 근거
		일반여권 소지자	관용여권 소지자	외교관여권 소지자	
유럽지역 (솅겐 가입국 26개)	벨기에	90일	90일	90일	협정
	스웨덴	90일	90일	90일	협정
	스위스	90일	90일	90일	협정
	스페인	90일	90일	90일	협정
	슬로바키아	90일	90일	90일	협정
	슬로베니아	90일	90일	90일	상호주의
	아이슬란드	90일	90일	90일	협정
	에스토니아	90일	90일	90일	협정
	오스트리아	90일	180일	180일	협정
	이탈리아	90일	90일	90일	협정
	체코	90일	90일	90일	협정
	포르투갈	180일 중 90일	180일 중 90일	180일 중 90일	협정
	폴란드	90일	90일	90일	협정
	프랑스	90일	90일	90일	협정
	핀란드	90일	90일	90일	협정
	헝가리	90일	90일	90일	협정
유럽지역 (비솅겐국 및 지역 28개)	교황청	30일	30일	30일	일방적 면제
	러시아	1일 최대 연속체 류 60일, 180일 중 누적 90일	90일	90일	협정
	루마니아	180일 중 90일	180일 중 90일	180일 중 90일	협정
	북 마케도니아	180일 중 90일	180일 중 90일	180일 중 90일	일방적 면제
		※ 북마케도니아는 주불가리아 대사관에서 관할			
	모나코	90일	90일	90일	상호주의
	몬테네그로	90일	90일	90일	상호주의
	몰도바	180일 중 90일	90일	90일	일방적 면제/협정
	벨라루스	30일 러시아 제외 제3국에서 민스크 국제공항을 통 해 출입국 시 적용	90일	90일	일방적 면제/협정
		※ 러시아 경유 또는 육로를 통한 출입국 시 비자 필요			
	보스니아 헤 르체고비나	90일	90일	90일	상호주의

지역	국가	우리 국민 무사증 입국 가능 여부 및 기간			무사증 입국 근거
		일반여권 소지자	관용여권 소지자	외교관여권 소지자	
유럽지역 (비셍겐국 및 지역 28개)	불가리아	180일 중 90일	180일 중 90일	180일 중 90일	협정
	사이프러스	90일	90일	90일	상호주의/협정
	산마리노	90일	90일	90일	상호주의
	세르비아	90일	90일	90일	상호주의
	아르메니아	연 180일	연 180일	연 180일	일방적 면제
		※ 외교관 및 관용여권 협정상은 90일			
	아일랜드	90일	90일	90일	협정
	아제르바이잔	×	90일	90일	협정
	안도라	90일	90일	90일	일방적 면제
	알바니아	90일	90일	90일	상호주의
	영국	6개월	6개월	6개월	협정
	우즈베키스탄	30일	30일	60일	일방적 면제/협정
	우크라이나	90일	90일	90일	일방적 면제/협정
		※ 일반여권은 출국일로부터 역산하여 180일 중 90일 이내			
	조지아	360일	90일	90일	일방적 면제/협정
	카자흐스탄	30일 (1회 최대 연속체류 30일, 180일 중 60일)	90일	90일	협정
	코소보	90일	90일	90일	일방적 면제
	크로아티아	90일	90일	90일	상호주의/협정
	키르기즈 공화국	60일	30일	30일	일방적 면제/협정
	타지키스탄	×	90일	90일	협정
	터키	180일 중 90일	180일 중 90일	180일 중 90일	협정
	투르크 메니스탄	×	30일	30일	협정
대양주 (14개국 국가 및 지역)	괌	45일/VWP 90일	45일/VWP 90일	45일/VWP 90일	상호주의
	뉴질랜드	90일	90일	90일	협정
		※ 2019.10.1. 부터 전자여행허가(ETA)와 IVL 반드시 신청 및 납부			
	마샬제도	30일	30일	30일	상호주의
	마이크로 네시아	30일	30일	30일	상호주의

지 역	국 가	우리 국민 무사증 입국 가능 여부 및 기간			무사증 입국 근거
		일반여권 소지자	관용여권 소지자	외교관여권 소지자	
대양주 (14개국 국가 및 지역)	바누아투	30일	90일	90일	일방적 면제 /협정
	북마리아나 제도(사이판)	45일/ VWP 90일	45일/ VWP 90일	45일/ VWP 90일	상호주의
	사모아	60일	60일	60일	상호주의
	솔로몬군도	45일	45일	45일	상호주의
	키리바시	30일	30일	30일	상호주의
	통가	30일	30일	30일	상호주의
	투발루	30일	30일	30일	상호주의
	팔라우	30일	30일	30일	상호주의
	피지	4개월	4개월	4개월	상호주의
	호주 (오스트레일리아)	90일	90일	90일	상호주의
		※ 전자여행허가(ETA) 사전신청 필요			
아프리카 · 중동지역 (27개국)	가봉	×	90일	90일	협정
	남아프리카 공화국	30일	30일	30일	상호주의
	라이베리아	(2019.7.18. (목)부터 사증면제협정 일시중지)	90일	90일	협정
		※ 비자 신청 시 구비서류 관련안내(링크 클릭)			
	레소토	60일	60일	60일	협정
	모로코	90일	90일	90일	협정
	모리셔스	90일	90일	90일	상호주의
	모잠비크	×	90일	90일	협정
	바레인	×	×	×	-
		※ 도착비자 발급 가능: 2주 비자 – 2회 연장			
	베냉	×	90일	90일	협정
	보츠와나	90일	90일	90일	상호주의
	상투메 프란시페	15일	15일	15일	일방적 면제
	세네갈	90일	90일	90일	일방적 면제
	세이셸	30일	30일	30일	일방적 면제
	에스와티니 (스와질랜드)	60일	60일	60일	상호주의

지역	국가	우리 국민 무사증 입국 가능 여부 및 기간			무사증 입국 근거
		일반여권 소지자	관용여권 소지자	외교관여권 소지자	
아프리카 · 중동지역 (27개국)	아랍에미리트	90일	90일	90일	협정
	알제리	×	90일	90일	협정
	앙골라	×	30일	30일	협정
	오만	30일	90일(협정)	90일(협정)	상호주의 /협정
	요르단	×	×	90일	협정
	이란	×	90일	90일	협정
	이스라엘	90일	90일	90일	협정
	이집트	×	90일	90일	협정
	카보베르데	×	90일	90일	협정
	카타르	30일	30일	30일	상호주의
	쿠웨이트	×	180일 중 90일	180일 중 90일	협정
		※ (일반여권) 도착비자 발급 가능(관광)/입국비자 수수료 면제			
	탄자니아	×	180일 중 90일	180일 중 90일	협정
	튀니지	90일 (협정에는 30일)	90일 (협정에는 30일)	90일 (협정에는 30일)	협정

3 항공기 매너

여행가는 기내 안에서 조금만 배려하고 매너를 준수한다면 즐거운 여행이 될 것이다. 기내에서 지켜야 할 매너는 어떠한 것들이 있는지 알아보자.

- 이륙과 착륙을 할 때 안전벨트사인Fasten Seat Belt Sign이 꺼지고 승무원 안내지시가 있을 때까지 기다렸다가 이동을 하도록 한다. 또한 갑작스러운 기류변화로 Turbulence가 일어날 수 있는 것을 대비하여 착석 중에는 벨트를 가급적 메어 두는 것이 좋다.
- 화장실 사용을 할 때에는 노크를 하기 전 화장실 이용표시등을 먼저 확인하자. 표시등이 적색등일 경우 '사용 중Occupied'이라는 뜻이므로 강제로 문을 열어서는 안 되며, 녹색등일 경우 '사용 가능Vacant'이라는 뜻이므로 화장실 사용 시 표시등에 유의하도록 한다.

- 항공사마다 다르지만 기내 안은 대부분 금연구역이다. 화장실에서도 흡연이 불가하므로 절대적으로 준수하여야 한다.
- 2014년 3월 1일부터 비행기 이착륙을 포함한 모든 비행단계에서 전자기기 사용이 허용되었다. 즉, 비행기모드Airplane mode로 설정한 경우에는 이착륙 시에도 스마트폰 이용이 가능하다. 다만, 통화나 문자, 데이터 사용은 비행안전에 여전히 위험이 있기 때문에 제한되므로 주의할 필요가 있다.
- 좌석의 등받이는 이·착륙과 식사 시에는 원위치로 하는 것이 매너이며, 또한 식사 시 준비되는 알코올 음료는 지상보다 더 빨리 취할 수 있으므로 주의하도록 한다.
- 기내 안에서 이동을 할 때에는 맨발이나, 신발을 벗은 채 돌아다니는 것은 매우 실례가 되므로, 신발이 불편할 때에는 가벼운 슬리퍼를 준비하는 것이 좋다. 또한, 장거리 비행 시 너무 돌아다니게 되면, 다른 승객들에게 피해가 되므로 유의하자.
- 승무원을 부를 때에는 Call 버튼을 눌러 호출을 하거나 조용히 손을 들도록 하며, 서비스에 대한 감사표시를 하는 것이 승객으로서의 매너이자 에티켓이다.

승무원이 꼽은 기내 '진상 vs. 매너' 승객은?

최근 여성 승객과 말다툼 끝에 비행기에서 내린 베테랑 남자 승무원이 '뜨거운 감자'가 됐다.

최고 7년형을 받을 뻔한 미국 항공사 제트블루 소속 승무원 스티븐 슬레이터는 안전수칙을 어겨 승객을 위험에 빠뜨린 혐의를 받았지만 그가 화를 참지 못한 뒷이야기가 밝혀지면서 여론의 동정표를 얻어 일약 스타덤에 올랐다. 이처럼 승무원들은 기내에서 남모를 속앓이를 매일 반복하고 있다고 해도 과언이 아니다. 그렇다면 승무원이 꼽은 기내 진상 손님은 어떤 모습일까. 한 번은 이런 일이 있었다고 한다.

국내 M대학의 교수와 함께 탑승한 아이가 먹을 빵을 요구했다. 당시 이코노미석에는 빵이 별도로 마련되지 않은 상황. 승무원의 거듭된 사과에도 불구하고 승객이 책임자를 부르라며 소리를 지르자 비즈니스석에 할당된 빵을 제공했다. 하지만 여기서 그치지 않은 승객은 승무원이 거짓말을 했다며 육두문자를 내뱉었다.

승무원들은 "욕설을 하는 승객을 만날 때 가장 난처하다."고 입을 모은다. 슬레이터도 비행기가 착륙하기 전 좌석벨트를 풀고 일어나 캐비닛에서 짐을 꺼내려던 여성 승객을 만류하다 떨어지는 짐을 머리에 맞고 욕설을 듣는 수모를 겪었다.

반말을 하면서 명령을 하거나 하대하는 경우도 빈번하다고 한다. 무거운 가방을 들고 타서 손 끝 하나 건드리지 않고 올리라며 명령하는 사람, 신문이나 음료를 요구하면서 무조건 반말을 하는 사람, 휴대폰을 꺼달라는 요구에 화를 내며 무시하는 사람 등 사례도 수없이 많다. 컵라면을 들고 와서 뜨거운 물을 요구하는 이기적인 승객도 있단다.

가끔 추파를 던지면서 성적 수치심을 느낄 만한 발언을 서슴지 않는 승객도 있다는 조심스런 전언이다. 좋은 기억으로 각인된 사례도 있다.

승무원이 신입사원 시절 비행시간이 짧은 중국 구간을 비행하면서 손님에게 면세품을 전달하다 생긴 에피소드다. 결제 과정에서 문제가 생겨 여러 차례 번거로운 일이 발생했는데도 싫은 내색이 전혀 없었던 승객. 갑자기 레터를 가져다 달라고 해서 컴플레인을 제기하는 줄 알고 식은땀이 났었는데 "다음에는 더 숙련된 모습을 보여 달라며 열심히 하는 모습이 보기 좋았다."는 내용의 칭송 레터였다고 한다.

한 번은 아버지가 기내에 혼자 갓 태어난 아기를 안고 탔는데 다른 승객이 거슬릴 정도로 아기가 울음을 그치지 않자 승무원이 당황했던 적이 있었다. 기혼 승무원이 최선을 다해 아기를 달랬지만 원인을 알 수 없었다. 그때 연세가 지긋한 한 중국 아주머니가 능숙하게 아기를 돌보자 울음을 그쳤다. 국경을 넘어선 따뜻한 정을 느낄 수 있는 순간이었다고 한다.

출처 : ⓒ세계를 보는 창 경제를 보는 눈, 아시아경제 www.asiae.co.kr

1. 다음을 읽고 매너가 없는 사람은 누구이며, 에티켓이 없는 사람은 누구라고 생각하는지, 그 이유와 함께 토론하여 보자.

> 나는 오랜만에 가족들과 함께 레스토랑에서 식사를 하며 즐거운 시간을 보내고 있었다. 그런데 한 꼬마아이가 식당 안을 정신없이 뛰어다니며, 큰소리로 떠드는 것이었다. 레스토랑 안의 다른 손님들도 매우 불편해 하는 기색이었다. 그러던 나는 직접 그 부모님을 찾아가 말하기를 "저기, 댁의 아드님이 식당 안을 너무 뛰어다녀서 저희가 식사에 집중을 할 수가 없네요. 왜 저렇게 방치를 하고 있는 겁니까?"라며 강력하게 항의를 하였고, 그 꼬마아이의 어머니는 매우 죄송스런 표정으로 "아! 네. 너무 죄송합니다. 지금 둘째 아이가 갑자기 복통을 일으켜서 제가 정신이 없는 상태다 보니, 잠시 큰 아이를 통제하지 못했네요. 보호자가 저밖에 없어서 신경을 못 썼습니다. 식사에 방해가 되셨다니 너무 죄송합니다."라고 말하는 것이 아닌가.

• 85

● **매너가 없는 사람은 누구이며 그 이유 :**

● **에티켓이 없는 사람은 누구이며 그 이유 :**

1. 상대방의 특성에 맞는 인사, 명함, 소개를 각각 순서에 맞게 직접 실습하여 보자.

- 동급의 남성과 여성의 경우

- 미혼자 상사와 기혼자 부하직원의 경우

- 거래처 직원들과의 5:5 회의 시

- 연장자 후배와 연소자 선배의 경우

2. 고객에게 길을 안내할 때 3점법을 활용하여 안내하여 보자.

- 가까운 거리에 있는 화장실을 안내할 경우

- 먼 거리에 있는 화장실을 안내할 경우

고객 서비스 **실무**
Customer Service

Chapter
04

이문화(異文化)
커뮤니케이션

CUSTOMER

SERVICE

CUSTOMER

이문화(異文化)
커뮤니케이션

이 장을 읽기 전 아래의 문항에 답해 보시오.

1. 나는 5개국 이상 국가의 독특한 문화에 대하여 숙지하고 있다.

    YES   NO

2. 외국어를 공부하기 전에 해당 국가 문화를 먼저 학습하는 것이 좋다.
    1   2   3   4   5
    (전혀 그렇지 않다)   (매우 그렇다)

'이문화異文化 커뮤니케이션'은 우리 삶에 있어서 매우 중요하다.

이문화는 서로 '다른 것'을 인정하는 것으로부터 시작하며, 타 문화에 대한 존경이자, 배려라 표현할 수 있다. 또한, 우리와 다른 나라의 문화와 전통 그리고 관습과 몸짓, 언어 등을 이해하고 받아들일 때 진정한 글로벌 매너인으로 거듭날 수 있다. 예로 각 나라마다 인사를 하는 방식은 매우 다른데, 우리는 상대에게 머리를 상대보다 낮은 위치에 두어 존경의 기분을 주는 인사형식을 갖추고 있으나, 서로 끌어안으면서 한 바퀴를 도는 스페인 인사방식이나, 서로의 볼을 대어 인사를 나누는 프랑스의 인사방식 등의 예를 보더라도 각 나라별 인사방식은 다르다.

이처럼, 각 나라의 인사형식을 살펴보면 그 나라가 가진 문화와 방식은 다름을 알 수 있으며, 이를 잘 이해하고 받아들일 때 올바른 이문화 커뮤니케이션이 이루어질 수 있는 것이다.

또한, 우리가 다른 나라 언어를 배우기 이전에 해당 나라의 문화를 먼저 학습하고 이해하는 것이 선행이 되면 더 확실한 외국어 학습이 될 수 있듯, 해당 나라의 문화에 대한 이해가 선행되지 않으면, 커뮤니케이션이 어려워지는 것도 여기에 있다.

한 민족이지만, 분단된 국가에 살고 있는 우리나라의 경우도 남북 간, 남남 간의 언어에서 이문화는 당연히 존재한다. 남한의 '바쁘다' 표현이 북한에서는 '어렵다'라고 표현이 되고, 오징어가 북한에 가면 낙지로 탈바꿈하며, 제주도에서는 고구마를 '감저'라 불러 '감자'라 오해를 일으키기도 한다. 오케이 사인의 경우 우리나라나 일본에서는 돈을 의미하고, 대다수 국가에서는 승인이나 긍정의 의미를 뜻하지만, 프랑스 남부에서는 가치가 없음을 나타내거나 터키, 중동, 아프리카, 러시아, 브라질에서는 외설적인 표현으로 그 의미가 전달되기도 한다.

또한, 카자흐스탄에서는 악수할 때 상대방의 손을 있는 힘껏 세게 쥐고 흔들며, 머리를 신성시하는 인도네시아에서는 귀엽다고 아이의 머리를 쓰다듬는 것이 용납되지 않는다. 우리가 에스키모라 알고 있는 이누이트인들은 귀한 손님에게 그들의 최상의 음식인 살아 있는 구더기를 내오는 오래된 관습도 있다.

이처럼, 내가 잘 모르는 세상의 사람들에게 문화에 대한 존중은 물론이며, 언어 선택과 구사에도 신중을 기해야 할 것이다.

지난 2008년 타계한 새뮤얼 헌팅턴 하버드대 교수는 그의 저서 「문명의 충돌」에서 지역 간 존재하는 문화적 차이가 새로운 냉전시대를 열 수 있다고 경고했다. 그러나 이문화 커뮤니케이션 분야에서 현존하는 세계적 석학 중 한 명인 찰스 햄든 터너Charles Hampden-Turner 케임브리지대 명예교수는 "문화 간 차이는 화해할 수 있다."라고 주장한다.

이처럼 우리가 상대국가와 지역 간의 문화 차이를 어떻게 인식하고 바라볼 것인가에 따라 냉전상태를 만들 수도 화합의 장을 만들 수도 있는 것이다. 그렇다면 우리가 알아야 할 각 나라의 이문화 커뮤니케이션은 어떤 것들이 있는지 몇 개국의 예시를 통해 살펴보자.

01 각 나라의 이문화 커뮤니케이션

1 각 나라 인사법

1 태국

전통인사인 와이wai는 두 손을 모으고 팔과 팔꿈치를 몸에 붙인 채 '와이'라고 말하면서 고개를 숙인다. 이때 합장한 손이 위로 올라갈수록 공경의 정도가 커진다.

2 일본

일본인의 인사방법은 한국과 비슷한 점이 있으나 표현방법에 있어서는 다른 점이 있으므로 유의해야 한다. 일본인들의 인사오지기는 세계적으로 널리 알려져 있으며, 만났을 때, 헤어질 때, 감사표시, 잘못을 표현할 때 등 해당 상황에 따라 인사가 따로 있다. 말로만 인사를 할 때는 상대방이 친밀감을 느낄 수 있도록 밝고 친절한 목소리로 말해야 하며, 이때 밝은 미소를 지으면 더욱 좋다. 말과 동작을 동시에 사용할 때는 고개와 허리를 굽히는데, 이때 허리를 굽히는 정도를 상대방과 비슷하게 하는 것이 좋다.

3 필리핀

서로 껴안고 뺨을 차례로 맞댄 서양식 인사를 하는 것이 일반적이지만, 웃어른들께는 'Mano po'라는 인사법으로 아랫사람이 어른에게 인사할 때 허리를 굽히고 어른의 손등을 자신의 이마에 갖다 대는 것으로 예의를 표하는 인사를 하기도 한다.

4 한국

한국 전통예절에서는, 인사할 때 손을 앞으로 맞잡아 공손한 자세를 취하는 '공수'를 중요시 여기고 있으며, 공수한 상태에서 허리를 숙여 경의를 표하는데, 이때 공수한 손의 위치가 높을수록, 허리를 많이 굽힐수록 깊은 존경 및 경의를 나타낸다.

5 티베트인

자신의 귀를 잡아당긴 후 혓바닥을 길게 내민다 친근감의 표시.

6 스페인

스페인 인사법에는 악수와 포옹, 베소 이렇게 세 가지로 크게 나뉘어진다. 그러므로 상황에 따른 인사가 적절히 활용되어야 한다. 악수를 할 때에는 손을 강하게 잡는 것이 반갑다는 의미이며, 포옹을 할 때에는 친분이 있는 사람들 사이에서 양팔 혹은  한쪽 팔로 어깨를 감싸며 등을 한두 번 두드리며 살짝 안기는 형태로 인사를 한다.

베소는 뺨과 뺨 키스인데, 스페인에서 가장 보편화된 인사법으로 오른쪽 뺨을 먼저 한 번 맞대고 그 다음 왼쪽 뺨을 한 번 맞대며 두 번 하는 것이 스페인 베소의 관습이다.

7 이스라엘

서로 양팔을 펼쳐 상대방 어깨를 주무르며 샬롬이라 외친다. 이스라엘 샬롬은 삶의 모든 영역을 다스리는 축복의 의미가 담겨져 있어, 어떤 상황이든 평화와 행복을 바라는 뜻을 가지고 있다.

8 파푸아뉴기니

침부족의 인사법으로 오랜만에 만나는 사람의 팔을 붙잡고 울며 인사를 나누는 인사형태가 있다.

9 인도네시아

악수 후에 손을 가슴에 대고 쓸어내리는 이슬람식 인사를 한다.

10 터키

터키에는 일반적인 인사와 어른들에게 하는 인사 2가지로 크게 나눌 수 있다. 터키에서는 윗어른들에게 인사할 경우 존중의 의미로 손등에 키스한다. 그리고 잡은 손을 이마에 살짝 댄 후 내려놓으면 되는데 보통 이 인사를 시행할 경우 '앗 살라무 알라이쿰as-salamu alaykum, 당신에게 평화가 있기를 바랍니다'이라고 한다. 일반적인 인사의 경우 포옹과 볼을 맞대어 인사를 나누면서 메르하바Merhaba라고 친근감을 표한다.

11 프랑스

Bise 또는 Bisou라는 인사법으로 '존경하는 사람에게 키스'라는 의미를 가지고 있다. 두 사람이 서로 얼굴 왼쪽으로 시작하여 두 번 인사하는 것을 가장 기본으로 하며, 지역에 따라 세 번 혹은 네 번을 하기도 한다.

2 각 나라의 음식문화 에티켓

1 중국

중국의 식사예절은 아무리 좋아하는 음식이 있어도 멀리 있는 음식을 젓가락으로 집는 것은 예의에 벗어난다고 생각한다. 그래서 조금 격식 있는 식탁에는 돌아가는 원탁이 있다. 식사 초대 시 입구에서 바로 보이는 자리가 초대한 사람, 또는 제일 높으신 분이 앉는 좌석이다.

중국인들의 독특한 술 문화 중 연거푸 석 잔을 안주 없이 마시는 경우가 있는데, 마시고 난 잔은 꼭 남기지 않고 마셨다는 것을 확인하기 위해 상대편에게 바닥을 보여준다. 차와 술은 첨잔 문화로, 그만 마시겠다는 의사표현을 정확히 하지 않으면 계속 첨잔한다. 젓가락으로 사람을 가리키는 것은 모욕하는 것으로 간주되는 무례한 행동이다.

2 티베트

티베트의 술 예절은 받을 때에는 일어서서 두 손으로 술을 받고 주인이 권하는 술을 사양할 때는 주는 이의 흥을 깨지 않도록 조심하고 가능하면 잔을 받아 높이면 좋다. 그리고 한 잔을 세 모금에 마시는 풍습이 있어서 첫 잔을 다 마시게 되면 실례가 된다.

손님이 찻잔을 비우면 주인은 계속 첨잔을 하는 것이 기본예절이므로 손님이 되어 주인이 권하는 차를 거절하면 실례가 된다. 따라서 요령이 없으면 한없이 마시기를 강요당할 수 있으므로, 차를 마실 때 다 비우지 말고 입에 살짝 대는 요령도 필요하다.

3 일본

식사비는 특별한 경우가 아니면 각자 지불_{다테카에}하거나 나누어 낸다. 한국식으로 '내가 내겠다' 하면 '실없는 사람'이라 생각한다. 일본에서는 대개 부인이 손님에게 술을 따르는 것이 예의에 속한다. 일본에서는 돈가스의 재료인 돼지는 복을 상징하고 가스는 일

본어로 승리를 뜻하는 '까스'라는 단어와 발음이 비슷하여 시험 전에 돈가스를 먹는 문화가 있다.

※ 집에 사람을 초대하는 것을 부담스럽게 생각한다. '한 번 찾아 갈게'라는 말은 실례가 되는 말이며, 초대받더라도 몇 번 사양하는 것이 매너이다.

4 태국

식사 초대를 받았을 때는 음식을 조금 남기는 것이 예의이다. 식사할 때 나이프를 사용하지 않으며 두 손 또는 수저와 포크, 젓가락만 사용한다.

5 인도

인도음식이라 하면 커리카레가 떠오르지만 우리나라식의 커리는 아니며, 인도에서는 우리나라와는 달리 고기나 야채 중에 한 가지만을 사용하여 커리를 만든다. 인도 요리는 종교적인 이유로 육류를 먹거나 먹지 않는가에 따라 채식주의자와 비채식주의자로 나뉜다. 채식주의자와 비채식주의자의 구별은 엄격하여 비채식주의자의 입장을 불허하는 레스토랑도 있고 비채식주의자와 동석조차 거부하는 사람도 있다. 기차역의 구내 식당도 두 가지로 확실하게 구분되어 있다. 또한 소를 숭배하기 때문에 소고기를 먹지 않는다.

식사 때 낮은 의자를 사용하거나 바닥에 앉지만, 좌석배치에 규칙을 둔다. 오른쪽에 주인, 왼쪽으로 가면서 연령 순서로 앉고, 노인과 소년, 소녀는 조금 떨어져 앉는다.

식사 전에 반드시 물로 양손을 씻으며, 보통 손가락으로 집어 먹는데, 음식이 뜨거운 경우에는 나무 스푼을 사용하기도 하며 반드시 오른손으로 식사를 한다. 물을 마실 때 컵을 입에 대지 않고 물을 입안에 부어 넣는다. 식사 중에 이야기하는 것을 무례하다고 여기므로 식사가 끝나면 손을 씻고 양치한 후에 이야기를 시작하는 것을 매너로 한다.

6 이탈리아

이탈리아 사람들의 경우 시간 개념이 그렇게 명확하지 않기 때문에 연회에 참석할 때 지각은 아주 흔한 일이다.

소금이나 후추 등을 다른 사람 손을 거쳐 받으면 좋지 않다는 풍습이 있어, 소금과 후추는 직접 가져와 먹는 것이 좋다.

이탈리아 모든 요리는 포크와 나이프를 사용하여 먹는다. 이탈리아 사람들이 음식을 천천히 먹는 경우가 많기 때문에 가급적 재촉하지 않는 것이 좋으며, 식사 중 혹은 사교적인 행사에서는 사업과 관련한 이야기를 하는 것은 실례이다. 특히 프랑스에 대한 화제를 좋아하지 않으므로 삼가도록 한다.

7 영국

영국은 하루에도 여섯 번의 티타임을 가질 정도로 차 문화가 발달되어 있는데, 음식문화는 다소 빈약하지만 차 문화에 있어서는 중국과 어깨를 견주어도 무리가 없을 정도로 세계 최고라 할 수 있다. 그중 가장 대표적인 것이 afternoon tea와 high tea이다. afternoon tea는 사교를 목적으로 하는 특별한 Middy tea break로 주로 휴일 오후 4시경에 마시는 차이며, high tea는 영국의 노동자들이 퇴근 후 오후 6시경 고기나 샌드위치 등의 식사와 함께 마시는 차로 알려져 있다.

8 독일

독일에서는 식사예절이나 음식에 관해서는 매우 주의를 해야 한다. 식사 중 큰 소리로 말하면 예의에 어긋나며, 음식 먹는 소리에도 주의를 하는 것이 좋다. 특히, 공공장소인 레스토랑이나 일반 식당에서 아이들이 떠들거나 식사에 방해가 되는 행동을 할 시 부모가 매우 예의 없는 사람이라 낙인찍힐 수 있다. 독일은 맥주 문화가 매우 발달한 나라로서, 우리나라의 10배 이상의 맥주소비량을 보이고 있다. '옥토버페스트Octoberfest'는 세계 많은 사람들이 모여

서 맥주를 마시는 축제로 이 축제가 끝이 나면 '카니발'이라는 축제가 바로 시작되는 등 각 지역의 전통과 관련된 수많은 축제가 있는 나라이다.

식사 후에 사업관련 이야기를 나누는 것이 좋으며, 조찬 모임은 없다.

9 키르기스스탄

귀한 손님이 찾아오면 양을 통째로 요리하는데 제일 귀한 손님에겐 양머리를 준다.

10 인도네시아

인도네시아는 더운 기후로 인하여 음식은 짜고 단음식이 많다. 또한, 전통음식점에서는 먹은 만큼 계산하는데, 사람 수에 상관없이 음식을 늘어놓고 먹으며, 손을 댄 음식만 계산하는 문화가 있다.

손으로 밥을 먹는 문화를 가진 인도네시아에서는 화장실 사용 후 물로 씻을 수 있는 수동 비데 호수가 있다.

11 프랑스

프랑스인에게 식탁은 식사의 공간을 넘어서 사교의 공간이기에 예절을 매우 중요시한다.

일반적으로 식사시간은 길고 여유 있게 가지는 것이 좋은데. 아침 식사를 제외한 점심, 저녁은 기본 1~2시간 정도 소요되며, 손님을 초

청하여 식사할 경우 길게는 4시간까지 이어지기도 한다. 소리 내어 먹거나 트림을 하는 행위는 매우 예절 없는 행동으로 간주되며, 상대방에게 자신의 음식을 주고자 할 경우 한 조각을 잘라서 상대방 그릇에 덜어주면 된다.

채소, 샐러드는 나이프를 사용하면 안 되며, 닭 요리는 주위에 허락을 받고 손으로 먹는다. 또한 잔이 비었을 경우 직접 포도주를 따라 마셔서는 안 되며, 식사 초대를 받은 경우에는 약속시간보다 조금 늦게 도착하는 것이 예의이다. 이는 준비과정이 많은 것을 고려한 일종의 배려이다.

12 터키

터키 요리는 중국, 프랑스 요리와 함께 세계 3대 요리로 손꼽힐 만큼 매우 유명하며 코스요리가 잘 발달되어 가정집에서도 만찬을 즐긴다. 커피와 차이도 유명한데, 차이는 터키말로 홍차를 뜻하며 보통 하루 여섯 잔 이상 차이를 마시고 차이 대접을 받을 경우 두세 잔을 마시는 것이 상대에 대한 예의이다. 또

한, 식사 중에 고인이나 환자 등의 이야기는 화제 삼지 않는 것이 좋으며, 음식을 깨끗이 비우는 것이 좋다. 뜨거운 음식을 먹을 경우 입으로 불지 않는 것이 에티켓이며, 빵 위에 포크, 숟가락 등을 놓지 않아야 한다.

3 각 나라의 특별한 문화

1 태국

태국 사람들은 머리를 쓰다듬는 것을 좋아하지 않기 때문에 친밀함을 표하는 행동이라도 삼가는 것이 좋다. 상대방의 머리를 건드리거나 만지게 되면 고의가 아니더라도 즉시 사과를 해야 한다.

타인에게 물건을 건네줄 때는 왼손을 사용하지 않는데, 태국에서 왼손은 화장실에서 사용하는 손이므로 오른손을 사용하도록 한다.

2 인도

인도에서는 가죽제품을 몸에 착용하는 것은 상대방에게 불쾌감을 줄 수 있기 때문에 조심해야 한다.

한국에서의 YES는 고개를 위 아래로 끄덕이며 긍정의 의미를 표현하지만, 인도에서는 고개를 좌우로 흔들어 긍정의 의미를 표현한다.

인도의 종교인 힌두교도는 남녀가 서로 접촉하지 않기 때문에 여자가 남자에게 악수를 청해서는 안 되며, 또한 직함에 높은 가치를 두기 때문에 이름을 부르기 전에 먼저 직함을 불러주도록 한다.

화장실에서 화장지를 사용하지 않는 경우가 많기 때문에, 일반 화장실을 이용할 경우 화장지를 미리 준비하도록 한다.

3 이탈리아

이탈리아는 공중화장실이 많지 않아 Bar나 음식점의 화장실을 이용해야 하는데, 식당에서 음식이나 음료를 마신 경우가 아니라면 반드시 요금을 지불해야 하기 때문에 동전을 항상 소지하여 이를 대비하도록 한다.

자신의 귀를 만지는 것은 상대를 모욕하는 사인이며, 손가락을 턱에 댔다 떼었다 하면 '귀찮다'는 의미로 전달되므로 조심하는 것이 좋다.

4 영국

영국의 비즈니스 매너는 매우 겸손한 편으로 명함의 경우 악수를 한 뒤 주어야 하고 점심 약속을 받기는 쉽지만, 저녁 약속은 상대방 부인의 양해가 필요하므로 적어도 1개월 전에는 말하는 것이 좋다.

백합은 죽음을 상징하는 것으로 선물하지 않는다.

소리 내어 웃는 것은 신사가 아니라고 생각한다.

뇌물에 엄격한 사회이므로 크리스마스에도 업무와 관련한 선물은 하지 않는다. V자 사인을 상대에게 손등이 보이도록 하면 욕설이 되므로 조심해야 한다.

5 독일

공휴일이나 일요일 등 쉬는 날에는 거의 모든 사람들이 세탁기나 진공청소기, 식기세척기 등을 사용하지 않는다. 이로 인해 다른 사람에게 소음 등의 피해를 주는 것이 매우 예의에 어긋난다고 생각하며, 이로 인해 이웃과 트러블이 생기는 것을 경계한다.

꽃 선물은 홀수로 하되 13송이는 삼가며, 장미나 카네이션, 포장한 꽃은 삼가도록 한다.

시간과 약속에 대하여 매우 엄격하여, 2~3분 늦는 것도 매우 불쾌하게 생각하므로 조심해야 한다.

6 키르기스스탄

결혼할 때 여자를 보쌈해 오는 납치혼이 있었다. 지금은 법적으로 금지가 되었지만, 여전히 행해지고 있는 독특한 문화가 있다.

왼손을 더러운 것으로 느끼는 현지 풍습이 있어서 돈이나 물건을 건넬 때는 오른손을 사용한다.

7 인도네시아

인도네시아에서는 오후 1~4시경에는 보통 낮잠을 즐기기 때문에 전화를 하지 않는 것이 좋다.

관계가 가까워질 때까지 가벼운 농담 등은 하지 않는 것이 좋으며, 비즈니스상에서의 명함을 필수적이다.

땅이 넓은 인도네시아는 한 사람당 차가 1대일 정도로 개인마다 차를 소유하고 있어서 교통체증이 매우 심각하다.

8 중국

중국에서는 시계선물이 금기시되어 있다. 시계라는 발음이 제사를 보낸다는 뜻으로 발음이 되기에 특히 어르신들에게 시계를 선물하면 안 된다.

연인과 부부 사이에는 배를 선물하면 안 되는데, 중국에서 배는 발음상으로 이별한다는 뜻을 가지고 있기 때문이다.

중국인들은 선물을 권할 때 선뜻 받기보다, 세 번 정도 거절을 하는 것이 예의라 생각하기 때문에 계속 받기를 권하는 것이 좋다.

9 티베트

티베트에서는 천장 또는 조장이라는 장례풍습이 있다. 천장은 새에 의한 장례를 말하는데, 주로 티베트 4,440m 이상의 황량한 고원에서 이 장엄한 장례가 치러진다. 일명 조장이라고도 하는 보편적인 장례로 사후 자신의 시신을 신성한 독수리가 먹어 치우면 바로 승천하거나 부귀한 집안에 태어난다는 믿음에서 시행한다.

• 101

10 일본

오미야게 문화로 여행, 출장 등을 다녀오면 그 지역의 특산품 등을 오미야게_{선물, 기념품 등}로 챙겨와 주변 사람에게 나누어주는 문화가 있다. 일본사람들은 무언가 받으면 빠른 시일 내에 그만큼 돌려줘야 한다는 인식이 있다.

선물을 할 때에는 짝으로 된 세트를 주는 것이 좋으며 주의할 점은 흰 종이로 포장하는 것은 죽음을 상징하고 숫자 '4'와 관련된 것은 불행을 가져온다고 믿기에 선물할 때 유의한다. 또한, 칼은 관계의 단절을 의미하므로 피한다.

일본은 자전거를 많이 애용하는데 자전거에 소유주가 표시되어 있고 아무 곳에나 세워 놓았다가는 주차위반 딱지를 받을 수 있다.

1. 한국에서는 예절이지만, 외국에서는 오히려 문제가 될 수 있는 한국만의 독특한 문화는 어떤 것들이 있을까?

2. 우리가 잘 알지 못했던 타 국가의 문화 특성을 5개국 이상, 나라별 3개씩 조사하여 보자.

1. '이문화 커뮤니케이션'이 원활하지 못해 일어난 국가 간의, 집단 간의, 개인 간의 사례를 분석하여 발표하여 본다.

• 103

Chapter
05

서비스
커뮤니케이션

CUSTOMER SERVICE

서비스
커뮤니케이션

이 장을 읽기 전 아래의 문항에 답해 보시오.

1. 나는 평소 상대방의 이야기에 경청을 잘하는 편이다.

   1   2   3   4   5

  (전혀 그렇지 않다)   (매우 그렇다)

2. 나는 평소 직설화법보다 상대를 배려한 화법들을 사용한다.

   1   2   3   4   5

  (전혀 그렇지 않다)   (매우 그렇다)

3. 나는 평소에 상대방에게 칭찬을 잘하는 편이다.

   1   2   3   4   5

  (전혀 그렇지 않다)   (매우 그렇다)

인생을 살아오면서 어떤 사람에게 반한 경험이 있는가? 처음 만난 사람에게 첫인상에서 좋은 느낌을 전달받았다고 한다면 이는 '반하다'라고 말하기보다는 '첫인상이 좋다', '이미지가 좋다'라는 표현이 더 맞을 것이다.

한 사람에게 '반하다'라고 말할 수 있는 경우는 그 사람과의 커뮤니케이션을 통해 상대방의 인격과 품성을 느낀 이후에야 비로소 '반했다'라고 말할 수 있지 않을까?

사람이 입고 있는 옷이 밖으로 보이는 겉모습이라면, 사람이 하는 말은 마음의 옷이자 내면의 모습이 아니겠는가. 평상시의 기본 인사에서부터 전문가적인 지식 전달까지 커뮤니케이션을 통해 고객은 서비스인인 나의 인격, 성정, 사고의 깊이까지도 가늠할 수 있다.

고객 접점에서 고객의 만족도와 기대수준은 나날이 높아져가고 있다. 단순히 친절하게 응대하는 것을 넘어, 고객의 마음을 움직일 수 있는 커뮤니케이션 스킬을 함양해 품격 있는 서비스인이 되어보도록 하자.

01 커뮤니케이션의 정의

커뮤니케이션의 어원은 라틴어의 '나누다'를 의미하는 'communicare'에서 출발한다. 커뮤니케이션은 본래 신이 자신의 덕을 인간에게 나누어 준다거나 열이 어떤 물체로부터 전해지는 것과 같이 넓은 의미에서는 분여·전도·전위 등을 뜻하는 말이지만, 근래에는 어떤 사실을 타인에게 전하고 알리는 심리적인 전달의 뜻으로 쓰인다. 커뮤니케이션 과정이란 송신자가 자신이 지니고 있는 감정, 정보, 사상 등을 언어적 표현이나 비언어적 표현을 사용하여 수신자에게 전달하고, 이에 대하여 수신자는 특정 반응이나 행동을 보여주는 일련의 과정을 말한다.

커뮤니케이션은 크게 송신자와 수신자, 메시지, 피드백의 4가지 요소로 나누어진다.

1 송신자

커뮤니케이션은 송신자가 의사소통의 필요성을 느낄 때부터 시작된다. 이때의 필요성은 정보를 전달할 필요성일 수도 있고, 상대방으로 하여금 특정 행동을 취할 것을 요구하는 필요성일 수도 있다.

2 수신자

메시지가 수신자에게 전해지면 수신자는 메시지를 통해 송신자가 무엇을 표현하려고 했는지 이해할 수 있어야 한다.

3 메시지

수신자는 송신자의 마음을 읽을 수가 없기 때문에 송신자의 의도를 수신자가 이해할 수 있는 말을 통해 메시지로 바꾸어야 한다.

4 피드백

수신자가 송신자로부터 받은 메시지 내용에 대한 자기 해석을 하여 다시 송신자에게 전달한다.

03 아리스토텔레스의 커뮤니케이션 3요소

고대 그리스인들은 권력을 얻고, 법정에서 승리할 주요한 수단으로 '설득'을 사용했다. 그들은 이러한 이유로 상대를 설득하기 위한 커뮤니케이션 스킬을 습득해야 했고 설득의 학문인 레토릭은 그리스 철학자 아리스토텔레스에 의해 연구되었다. 아리스토텔레스는 가장 효과적인 커뮤니케이션, 설득의 3대 원천으로 에토스ethos, 로고스logos, 파토스pathos를 든다. 에토스는 화자의 성품으로 설득에 미치는 영향력은 60%이고, 파토스는 청자의

심리 상태로 그 비중은 30%라고 한다. 나머지 10%는 언어와 논리로 이성에 호소하는 로고스가 차지한다.

에토스에서 성품은 체형, 자세, 옷차림, 명성, 카리스마 등이 포함되는데 사람들이 화자를 신뢰해야만 설득할 수 있다고 말하고 있다. 파토스에서 말하는 청자의 심리 상태가 커뮤니케이션에 영향을 미치는 주요 변수가 될 수 있다는 것인데, 기분 좋은 상태에서 이야기를 듣는 것과 기분이 좋지 않은 상태에서 이야기를 들었을 때의 받아들이는 것이 다르기 때문이다. 마지막 로고스에서 설득하고자 하는 메시지가 논리적이어야 상대의 마음을 열고 소통과 공감하는 커뮤니케이션이 가능해질 것이다.

04 커뮤니케이션에서 발생 가능한 문제점

처음 만나게 되는 고객과의 커뮤니케이션 과정에서 발생할 수 있는 문제점에 대해 몇 가지 살펴보자.

1 상대에 대한 이해 부족

상대를 충분히 이해하지 못하거나 자기를 중심으로 메시지 내용을 구성할 경우 커뮤니케이션의 효과가 제한될 수 있다. 고객과의 대화 시작 전 먼저 앞서야 하는 것은 고객 입장에서 바라보는 '역지사지' 관점이다. 예를 들어, 핸드폰 로밍 서비스에 대해 공항 입국장에 들어오는 고객을 대상으로 고객만족도 조사를 실시하게 되었다고 가정을 해보자. 장시간의 비행을 마치고 입국하는 고객들의 컨디션은 어떨까? 아마도 장시간의 비행에 지쳐 빨리 공항을 벗어나고 싶을 것이다. 그렇다면 낯선 사람의 조사 요청에 적극적으로 대응해주지 않을 거라는 예상도 할 수 있다. 그렇다면 어떻게 대화를 시작해야 할까? 고객만족도 조사를 실시해야 한다는 직원 관점을 넘어 고객만족도 조사를 받는 고객의 관점까지 생각하고 대화를 시작한다면 훨씬 부드러운 대화의 시작이 가능할 것이다.

2 일방적 커뮤니케이션

사전 지식이 없는 정보에 대해 직원이 고객에게 설명하는 과정에서 종종 일방적 커뮤니케이션이 발생한다. 효과적인 커뮤니케이션은 메시지를 주고 그 결과를 피드백 받는 것을 의미하는데, 접점 직원의 의사전달에 고객이 아무런 반응을 보이지 않는 커뮤니케이션의 경우에는 장애가 발생한다. 이런 경우에는 고객에게 중간 중간 확인 과정을 거치거나 사전 상황 설명이나 주의를 환기시킨 후 핵심적 내용을 수용할 수 있도록 메시지 내용을 강조하는 것도 좋은 방법이다.

3 고객에 대한 잘못된 가정

직원이 고객에 대해 좋지 않은 선입관을 갖고 있다거나 잘못된 가정을 할 경우에는 효과적 커뮤니케이션을 기대하기 어렵다. 백화점에 쇼핑을 갈 때는 잘 차려입고 가라는 이야기를 들어본 적이 있을 것이다. 이는 직원들이 고객의 차림새를 보고 물건을 구매할 고객과 구매하지 않을 고객을 구분하고 그에 따른 커뮤니케이션을 달리한다는 것인데, 접점 직원은 잘못된 관점에서 고객을 판단하지 말아야 한다.

4 어의상의 해석 차이

언어를 부적절하게 사용함으로써 해석의 오류를 낳고 또 커뮤니케이션을 왜곡시키는 결과를 초래한다. 어의상의 해석 차이는 개인적인 표현방법의 차이와 교육수준의 차이 및 지각과 해석의 차이로 전달한 어의를 상이하게 해석함으로써 발생한다. 따라

서 고객 관점에서 다소 생소할 수 있는 내용과 전문용어를 많이 사용하기보다 이해하기 쉬운 표현으로 바꾸어 전달하는 노력을 기울인다.

5 관점의 차이

직원과 고객 간에 발생되는 관점의 차이로 단어나 내용의 개념이 상이하게 인지되어 커뮤니케이션 장애요인으로 나타나는 경우가 있다.

'표 파는 곳'과 '표 사는 곳'의 차이는 무엇일까? 매표소 직원의 관점에서 바라보았을 때 자신이 근무하는 장소는 '표 파는 곳'이 되고, 고객의 관점에서 바라보았을 때는 '표 사는 곳'이 된다. 서비스를 이용하는 주체는 고객이다. 고객의 관점에서 입각해서 표현하는 노력을 기울인다면 관점의 차이에서 발생하는 커뮤니케이션 장애를 줄일 수 있을 것이다.

표 5-1 **고객 관점 대화로 전환해보기**

직원 관점	고객 관점
표 파는 곳	표 사는 곳
현금 자동 지급기	
번호를 표시해주는 서비스	
부가적인 혜택을 드립니다.	
맞춤 서비스를 제공합니다.	

6 감정과 태도

상대의 감정이 안정되지 못한 상태에서 메시지를 보내게 되면 그 내용이 왜곡될 가능성이 크다. 특히 인간의 감정은 태도를 지배하는 경우가 있어서 감정의 불안정성이나 자극, 흥분된 상태는 커뮤니케이션의 장애요인으로 나타나 사실과 다른 내용으로 수용될 가능성이 있다. 보통 말을 잘하지 않는 사람도 감정적으로 자극되었을 때에는 말을 잘하는 사람도 있다. 특히 감정에 자극을 받은 경우 소극적인 사람이 적극적인 행동을 하는 경우도 있다.

7 시간적 압박

고객이 대화를 나눌 시간이 부족하거나, 긴급한 용무를 앞두고 있을 때 커뮤니케이션에서 시간적 압박을 느낄 수밖에 없을 것이다. 상대에게 덜 긴급한 일에 대해서 전달하고자 할 때나, 시간을 여유 있게 가지고 설명이나 설득을 해야 할 경우에는 먼저 상대에게 대화를 나눌 수 있는 충분한 시간이 확보가 되어 있는지 파악하는 것이 선행되어야 할 것이다.

 쉬어가기

자기점검
Check
List

	커뮤니케이션 점검항목	Check
1	고객과 대화 시작 시 공유할 수 있는 화젯거리로 친근감을 조성하고 있다.	
2	고객에게 나에 대한 신뢰감과 호감을 심어주려 노력한다.	
3	고객이 편안함을 느끼도록 항상 배려하고 있다.	
4	본론에서 벗어나지 않는 화제로 고객의 욕구를 발견하고 있다.	
5	고객의 표정, 말투, 행동 등에서 이해의 정도와 만족도를 파악할 수 있다.	
6	나는 회사의 상품, 서비스, 업무 지식을 마스터했다.	
7	나는 완벽한 에티켓과 매너를 갖추고 있다.	
8	나는 고객의 입장에서 생각하며 경청하려 노력한다.	
9	고객에게는 외래어, 전문용어를 사용하지 않고 알기 쉽고 간결한 단어로 말한다.	
10	고객의 나이, 성별, 성격에 따라 표현방법을 달리하고 있다.	

05 효과적인 커뮤니케이션 스킬

1 비언어적 커뮤니케이션

(1) 환경

환경에 관련된 신호나 암시로는 방안의 색상이나 기온 및 가구 정돈을 들 수 있다. 즉, 환경조성을 위한 벽지 색상의 선택과 실내온도나 제반 가구 정돈이 간접적으로 비언어적 커뮤니케이션의 효과를 결정한다. 예를 들면, 정돈된 큰 책상에 앉아 있는 사람은 정돈되지 못한 작은 책상에 앉아 있는 사람보다 더 권력이 있어 보인다. 따라서 언어적 커뮤니케이션에서 적절한 용어를 명확하게 전달하여 목적을 달성하는 것과 같이 비언어적 커뮤니케이션은 완벽한 환경조성과 가구 및 집기의 안정적인 정돈으로 커뮤니케이션의 효과를 전달 또는 표명할 수 있다.

(2) 거리

커뮤니케이션 과정에서 송신자와 수신자의 거리에 따라 의미전달의 상대적인 접근도를 판단할 수 있다. 즉, 적극적인 태도로 메시지를 전달할 때에는 신체적으로 가장 접근된 상태에서 이루어진다. 문화적 차이는 있겠지만 프랑스의 남성들은 영국의 남성보다 접근된 상태에서 대화를 하는 적극적인 태도를 취한다.

- **친밀한 거리** 15~46cm
- **개인 간 거리** 46~120cm
- **사회적인 거리** 1.2~3.6m
- **공공적인 거리** 3.6m
- **고객과의 거리**어깨와 어깨 간의 2m

(3) 태도, 자세, 매너

태도는 마음가짐에서 나오는 자세를 말하고, 자세는 마음가짐에서 나오는 몸가짐을 말한다. 매너는 태도와 자세를 모두 갖춘 얼굴 표정과 몸 전체에서 풍기는 개인의 고유한 스타일을 말한다. 두 명의 직원이 서 있다면 고객은 태도와 자세를 모두 갖춘 매너 있는 서비스인에게 다가가서 질문할 것이다.

(4) 체격과 체형

스트레스나 잘못된 습관으로 체격이나 체형이 위축된 현대인들을 많이 볼 수 있다. 걸음걸이에 의욕이 넘치고 시선은 앞을 향하며 활기에 차 있는 사람과 구부정한 걸음걸이로 흐느적대는 사람의 모습을 비교해보라. 우리는 그 모습에서 그가 지금 자신이 없다거나 실망이나 절망에 빠져 있다거나 또는 나와의 관계에서 의욕이 있고 없음을 읽을 수가 있다.

(5) 제스처

제스처는 언어의 보조, 보강 수단으로서 눈짓, 손짓, 발짓, 몸짓 등을 의미한다. 똑바로 서서 무표정하게 말하는 사람보다는 풍부한 감성을 제스처에 실어 말하는 사람에게 더 많은 호응을 느낄 수 있다.

(6) 얼 굴

얼굴은 그 사람을 대변하는 최고의 비언어적 의사소통 수단이다. 얼굴로 그 사람의 사주관상을 보는 이도 있거니와 일반인들도 상대방의 얼굴을 통해 건강이나 기분상태를 가늠할 수 있다.

사람의 얼굴은 용모, 인상, 표정에 의해 고찰될 수 있다. 물론 용모는 선천적으로 타고난다. 그러나 타고난 용모가 좋지 않다고 비관할 일은 아니다. 용모는 인상이나 표정의 중요성으로 대체되기 때문이다.

(7) 미 소

비언어적 커뮤니케이션의 신체언어 중 남에게 가장 큰 호감을 주는 것이 바로 미소이다. 미소는 본인에게는 긍정적인 마음을 고취시켜주며 상대방에게는 만남이 즐거운 것이라는 느낌을 받게 해 준다. 물론 마음속에서 우러나오는 참된 미소가 아닌 억지 미소는 오히려 역효과를 불러일으킬 수 있다.

2 언어적 커뮤니케이션

(1) 듣 기

사람의 입이 하나이고 귀가 둘인 이유를 알고 있는가? 어느 학자의 연구에 의하면 사람이 1분간 평균 말하는 속도는 100~120단어이고, 듣는 속도는 말하는 속도의 2~3배라고 한다. 결국 대화에 있어서 말을 잘하는 것보다 상대의 말을 정확하게 듣는 것이 효과적임을 알 수 있다. 이는 바로 그 사람의 말을 듣고 이해하고 반응하는 것, 즉 경청傾聽을 의미한다. 경청의 '경傾'자는 사람 인人자와 기울 경頃자가 조합된 것으로 상대를 향해 기울인다는 의미가 되며, '청聽'자는 상대방을 왕으로 생각하며, 왕王이 하는 말을 귀耳로 듣고 거기에다가 더해서十 눈目으로 듣고 또한 한 마음一心으로 집중해서 들어야 하는 것이 청聽자에 대한 해석, 즉 상대방에게 다가가 바르게 알아듣는 것이 중요하다는 뜻이다.

(2) 어떻게 들을 것인가

귀뿐만 아니라 모든 감각기관을 이용한다.

마음으로는 말만으로 판단하고 비난하려 하지 말고 근본적으로 상대방의 입장이 되어 상대방을 이해하려고 노력해서 상대가 무엇을 말하려 하는 것인지 파악한다. 몸은 의자 등받이에 기대는 편안한 자세를 취하거나 손이나 다리를 꼬지 말고 상대방 쪽으로 향하고 내미는 듯한 기분으로 하고, 눈으로는 부드러운 표정으로 상대를 바라보고 입으로는 때론 질문하고 반복하면서 듣는다.

경청지수

Check List

(항상-5점, 거의-4점, 보통-3점, 드물게-2점, 결코 아니다-1점)

1. 나는 상대방의 말을 중간에 가로 막지 않고 끝까지 말할 수 있도록 하는가?
2. 나는 '상대방 말의 숨은 뜻'을 잘 알아차리고 이해하고 있는가?
3. 상대가 한 말의 의미를 명확히 하기 위해 상대방의 말을 다시 확인해 보는가?
4. 상대와 의견이 일치하지 않을 때 흥분하거나 화가 나는 것을 피하고 있는가?
5. 나는 먼저 많은 이야기를 하기보다 상대가 편안하게 이야기할 수 있도록 분위기를 조성하는가?
6. 상대방이 말하는 동안 Eye contact를 잘 하고 있는가?
7. 상대방의 말을 온 몸으로 공감하며 경청하고 있는가?

7가지 질문에 대한 점수 합계가 31점 이상이면 '경청 잘함'이고,
23~30점이면 '일부 개선 필요', 22점 이하이면 '경청에 좀 더 집중'해야 하는 수치이다.

✔ **경청의 원칙**
1. 귀를 기울일 것
2. 상대방의 표정과 동작을 주시할 것
3. 눈과 귀는 물론 모든 감각을 총동원할 것
4. 상대방이 이야기에 열중하도록 분위기를 깨지 말 것
5. 적당히 맞장구를 치며 반응을 보일 것
6. 하나하나 주의깊게 들을 것
7. 상대방의 말을 도중에 중단시키지 말 것
8. 상대방의 입장에서 들을 것
9. 상대방의 말에 흥미를 가질 것
10. 상대방과 공감대를 형성할 것

(3) 공 감

동감과 공감의 차이점을 생각해보자. 동감은 "난 당신과 생각이 같다."라는 의미라면, 공감은 "생각이 같지는 않지만 이해할 수는 있다."라고 볼 수 있지 않겠는가? 고객의 말에 모두 동감할 수 없지만, 공감해 줄 수 있어야 할 것이다. 공감은 고객을 이해하는 가장 중요한 요소이다. 공감적 반응의 질을 높이기 위한 방법은 다음과 같다.

• 직원은 고객이 하려는 말이 무엇인지를 생각할 시간을 갖는다.

116 ●

- 핵심을 정확히 파악하여 구체적이고 짧게, 정확하게 반영하여야 한다.
- 고객의 수준에 맞게 반응을 하여야 하며, 객관성을 유지하여야 한다.
  - 예 ~해서 정말 속상하셨겠네요. ~하시겠군요. / 예 고객님! 중요한 시기에 고장 이 나서 많이 불편하셨겠습니다. / 그랬군요! 급한 일을 제때 처리하지 못해 많이 난처하셨겠군요.

(4) 맞장구치기

1 타이밍을 맞추자.

대화의 중간 중간에 맞장구의 타이밍을 맞춤으로써 상대방이 말하는 것에 흥이 나도록 한다.

2 맞장구를 멈출 때를 알자.

무조건 맞장구를 친다고 좋은 것이 아니다. 상대가 대화에 열을 올리고 있을 때 는 맞장구를 잠시 멈추고 대화에 집중한다.

3 짧게 감정을 넣는다.

"아, 그렇네요.", "예, 예", "그럼요", "옳은 말씀이십니다." 등의 말을 사용하여 고객 의 말에 경청하고 있다는 표현을 한다.

4 맞장구는 교묘하게 쳐라.

고객으로부터 긍정의 대답을 얻고 싶을 때는 긍정의 말에만 맞장구를 침으로써 대화를 원하는 방향으로 유도할 수 있다.

(5) 말하기

1 질문 효과

질문을 하게 되면 상대방으로 하여금 말하고자 하는 중요한 부분을 다시 한번 상 기시키게 된다. 또한 효과적인 질문을 위한 정보수집이 가능하게 하며 대화의 초점 이 흐려졌을 때 주의를 환기시킬 수 있다. 질문에는 다음과 같은 힘을 가지고 있다.

✅ 질문의 7가지 힘
   1. 질문을 하면 답이 나온다.
   2. 질문은 생각을 자극한다.
   3. 질문을 하면 정보를 얻는다.
   4. 질문을 하면 통제가 된다.
   5. 질문은 마음을 열게 한다.
   6. 질문은 귀를 기울이게 한다.
   7. 질문에 답하면 스스로 설득이 된다.

2 질문의 종류

질문의 종류에는 크게 개방형 질문, 선택형 질문, 확인형 질문이 있다. 개방형 질문이란 고객이 자유롭게 의견이나 정보를 말할 수 있도록 묻는 질문으로 확대형 질문이라고도 한다. 선택형 질문이란 고객에게 '네' 또는 '아니오'로 대답하거나 단순한 사실이나 몇 개 중 하나를 선택하게 하는 질문이다. 마지막으로 확인형 질문은 고객의 입을 통해 확인받는 질문이다.

3 개방형 질문 확대형 질문

고객이 자유롭게 의견이나 정보를 말할 수 있도록 묻는 질문
- 고객이 자유롭게 의견이나 정보를 말할 수 있도록 한다.
- 고객들의 마음에 여유가 생기도록 한다.
- 고객이 적극적으로 이야기하게 함으로써, 고객의 니즈를 파악할 수 있다.

4 선택형 질문 확인/단답형 질문

고객에게 '네/아니오'로 대답하게 하거나, 단순한 사실, 혹은 몇 개 중 하나를 선택하게 하는 질문
- 단순한 사실, 또는 몇 가지 중 하나를 선택하게 하여 고객의 욕구를 파악할 수 있도록 한다.
- 고객의 니즈에 초점을 맞출 수 있다.
- 화제를 정리하고 정돈된 대화를 할 수 있다.

5 확인형 질문

고객의 입을 통해 확인받는 질문

- 고객의 답변에 초점을 맞춘다.
- 고객의 니즈를 정확하게 파악할 수 있다.
- 처리해야 할 사항을 확인받을 수 있다.

06 호감 가는 서비스 표현/화법

1 호 칭

호칭은 특정 사람을 가리켜 표현하는 명칭이며, 일반적으로 서비스 접점에서 고객의 이름을 모르는 경우에는 손님, 고객님으로 통칭한다. 일상생활에서 상대방을 호칭할 때는 성씨나 직위 등에 호칭을 붙여서 호명한다.

구 분	표준화 호칭	비 고
직책이 있는 경우	김과장님	상사일 경우
	이팀장님	동등한 경우
	박실장	아래 직원인 경우
직책이 없는 경우	미스터 심 미스 신	미혼자일 경우
	김민정씨 박준형씨	기혼 연장자일 경우

때때로, 상대방을 호칭할 때 직업과 연관되어 부르는 경우가 있는데, 이때 상대방은 부르는 호칭에 따라 상당히 기분 나쁠 때가 있으므로 신중을 기해야 한다.

"주문 도와드릴게요" 일상어가 된 엉터리 우리말
"총 1만 원이십니다. 결제는 어떻게 도와드릴까요?"

23일 오후 서울 서초구의 한 커피전문점. 계산대 직원은 두 가지 메뉴를 주문한 직장인 조수진 씨29·여에게 이렇게 말했다. 조 씨가 결제를 마치고 잠시 뒤 주문 메뉴가 완성되자 이번엔 다른 직원이 조 씨에게 이렇게 알렸다. "고객님, 주문하신 메뉴 두 개 준비해 드리겠습니다."

두 직원이 조 씨에게 건넨 말은 어법상 틀리거나 어색한 표현들이다. "1만 원이십니다."는 "1만 원입니다."로 고쳐야 한다. 사람이 아닌 '1만 원'이라는 물건값을 높인 표현이기 때문이다. "결제는 어떻게 도와드릴까요?" 역시 "어떻게 결제하시겠어요?"라고 말하는 편이 더 낫다. 비용을 치르는 손님 입장에서는 '내가 결제를 하는데 직원이 무슨 도움을 준다는 것인지' 하고 듣기에 따라서는 거슬릴 수 있다는 지적이 있다. 또 이미 준비돼 나와 있는 식음료를 "준비해 드리겠습니다."라고 하는 것보다는 "주문하신 메뉴 나와 있습니다."라고 말하는 편이 더 자연스럽다. 하지만 조 씨는 어색함을 전혀 느끼지 못했다고 한다. 조 씨는 "직원들이 그렇게 말하는 게 익숙해서 이상하다고 생각하지 못했다."며 "다시 생각해 보니 표현이 조금 어색한 듯하다."고 말했다.

일상에서 흔히 쓰는 표현 중에는 어법에 맞지 않거나 부자연스러운 표현이 많다. '소개해 주다'를 '소개시켜 주다'로 말하는 것 등이 대표적이다. 이런 표현들은 영어식 표현과 관련이 있다. '소개시켜 주다' 또한 동사 'introduce소개하다'의 영어식 피동被動 표현에서 비롯했다. 이처럼 어색한 영어식 표현 대신 우리말 원형을 살려 말해야 뜻을 더 명쾌하게 전달할 수 있다.

어색한 우리말 표현은 서비스업 종사자들 사이에서 특히 많다. 고객들에게 가능한 한 높임말을 쓰면서 거부감을 덜 주는 완곡한 표현을 찾다 보니 때로 잘못된 어법으로 말하게 되는 것이다. 서비스업계에서도 이런 점을 알고 수년 전부터 '사물존칭 표현 사용하지 않기' 등 캠페인을 벌여 왔다. 그 결과 '커피 나오셨습니다'와 같은 부자연스러운 표현이 많이 줄기는 했지만 여전히 부자연스러운 표현들은 자주 쓰이고 있다.

6년째 커피전문점에서 일하고 있는 김다혜 씨32·여는 "'주문 도와드리겠습니다'라고 말하는 것이 잘못된 표현이라는 것은 알지만 워낙 많이 쓰다 보니 쓰지 않으면 도리어 어색하다."며 "손님들도 이런 표현이 더 공손하다고 여기는 것 같아서 바꾸기가 쉽지 않다."고 말했다. 경기 용인시에서 카페를 운영하고 있는 A 씨는 "'그 메뉴는 지금 안 되세요'와 같은 어색한 존댓말을 쓰지 않으면 '말투가 무례하다'며 시비를 거는 손님도 가끔 있다."고 했다.

전문가들은 고객을 대할 때 가능한 한 존대의 표현을 쓰겠다는 취지는 이해하지만 어색한 우리말 표현을 쓰는 것은 삼가야 한다고 말한다. 국립국어원장을 지낸 민현식 서울대 국어교육과 교수는 "손님을 존중하는 자세와 마음은 표정과 행동으로 충분히 표현할 수 있다."며 "우리말 어법에 어긋난 표현을 삼가야 한다는 공감대가 손님과 종업원 사이에 형성될 필요가 있다."고 말했다.

출처: 2019.10.25. 동아일보

2 경어법

경어는 상대방을 자신보다 높이는 존경어와 자신을 상대방보다 낮춰 간접적으로 상대를 높이는 겸양어가 있다.

표 5-2 **존경어와 겸양어의 구별**

구분	존경어	겸양어
말하다	말씀하시다	말씀드립니다
묻다	물으시다	여쭙니다
보다	보시다	뵙니다
하다	하시다	합니다
가다	가시다	갑니다
오다	오시다	옵니다

3 칭찬 화법

칭찬의 사전적 의미는 '사람이 다른 사람의 행동이나 특성, 또는 이룬 일을 좋거나 훌륭하다고 말하거나 높이 평가하는 것'이다. 「칭찬은 고래도 춤추게 한다」2002는 책에서와 같이, 칭찬의 효과는 지대하다. 우리는 평소 '칭찬에 약하다'라는 표현을 쓰기도 하는데, 사람의 마음을 쉽게 바꾸거나 움직일 수는 없을지라도, 상대를 지지하고 인정하고 칭찬하는 말을 통해 상대를 변화시키기에 충분할 것이다.

(1) 칭찬의 효과

- 긍정적인 사고방식을 갖도록 돕는다.
- 타인의 성장을 돕는다.
- 행동의 변화를 가져온다.
- 자신감을 갖게 한다.
- 고객과의 관계를 부드럽게 만든다.
- 매출 상승의 효과를 얻을 수 있다.

(2) 기분 좋은 칭찬의 방법

- 다른 사람 앞에서나 제3자를 통해 칭찬한다.
- 구체적으로 칭찬한다.
- 간결하게 칭찬한다.
- 즉시 칭찬한다.
- 자주 칭찬한다.
- 사소한 것부터 칭찬한다.
- 결과뿐 아니라 과정과 노력을 칭찬한다.
- 상대에 따라 칭찬내용과 방법을 달리한다.

(3) 역효과를 가져오는 칭찬

- 섣부른 칭찬
- 매사 칭찬만 하는 경우
- 사실과 다른 칭찬
- 칭찬 후 비난하는 경우
- 칭찬의 타이밍이 맞지 않는 경우
- 거창한 칭찬
- 결점을 칭찬할 경우
- 속이 들여다보이는 칭찬
- 똑같은 내용으로 모든 사람에게 하는 칭찬
- 존경이나 신뢰받지 못하는 사람이 하는 칭찬

4 신뢰 화법

상대방에게 신뢰감을 줄 수 있는 대화는 말 어미의 선택에 따라 조금씩 달라질 수 있다.

✿ 다까체와 요조체의 적절한 활용

다까체는 정중한 느낌을 줄 수 있으나, 반면에 딱딱하고 형식적인 느낌을 줄 수 있다. 요조체의 과다 사용은 고객과의 대화 전체가 유아적인 느낌을 주거나 신뢰감을 떨어뜨릴 수가 있다. 다까체와 요조체의 비율은 신규고객에게는 7:3의 비율로 사용하는 것이 적절하다.

- 정중한 화법 70% : ~입니다. ~입니까? _{다까체}
- 부드러운 화법 30% : ~예요, ~죠? _{요조체}

5 레이드 화법

사람은 명령조의 말을 들으면 반발심이나 거부감이 들기 쉽다. 의뢰나 질문형식으로 바꿔 말하면 훨씬 더 부드러운 커뮤니케이션이 될 수 있다. 명령형을 의뢰형, 질문형으로 바꾸어 표현한다.

⑩ "하세요." → "~좀 해주시겠습니까?", "~좀 부탁해도 될까요?"
"해주시기 바랍니다." → "해주시면 감사하겠습니다."

6 Yes/But 화법

상대방에게 반대의 의견을 전달해야 할 때, 간접적인 부정형 화법으로 고객의 입장을 먼저 수용하고 긍정한 후 의견과 생각을 표현한다.

⑩ "예, 맞습니다. 그러나 ~"

7 긍정 화법

긍정적인 부분을 중심으로 표현하는 것으로 같은 내용이더라도 긍정적인 부분을 강조해서 말하면 거부감을 줄이고, 부정 및 금지의 표현에 대안을 제시해준다.

예 "지금은 안 됩니다." → "죄송합니다만, 지금은 곤란합니다."
"여기는 금연구역입니다." → "흡연구역은 옥상에 마련되어 있습니다."

8 쿠션 화법

쿠션 화법이란 단호, 단정적인 표현보다는 미안함의 마음을 먼저 전하여 대화 시에 좀 더 원만하고 부드럽게 대화할 수 있도록 되어 있는 말이다. 영어에는 'Excuse me'라고 하는 단어가 있다면, 우리의 쿠션 화법은 본 대화 내용 앞에 붙어 대화의 쿠션의 역할을 할 수 있도록 하는 화법이다.

- 죄송합니다만, 잠시만 기다려주시겠습니까?
- 실례합니다만, 성함이 어떻게 되십니까?
- 번거로우시겠지만, 제게 말씀해 주시겠습니까?
- 양해해주신다면, 앞에 고객님 안내 후에 바로 안내해드리겠습니다.
- 괜찮으시다면, 연락처를 말씀해 주시겠습니까?
- 결례가 되지 않는다면,
- 가능하시다면,
- 바쁘시겠지만,

9 나 전달 화법 I-message 화법

주어가 일인칭인 '나'로 시작하는 문장으로 말을 할 때 나의 입장에서 나를 주어로 하여 내가 관찰하고, 생각하고, 느끼고, 바라는 바를 표현하여 이야기하는 화법이다. 상대와 관련되어 있는 문제를 해결하기 위한 대화를 시작해야 할 때 주로 사용되며, 자신이 느끼는 감정과 생각을 직접적으로 솔직하게 표현하여 부드럽게 전달되도록 한다.

- I-message 화법 = 문제행동 + 행동의 영향 + 느낀 감정
- 문제를 유발하는 행동이 무엇인가?

그 행동이 나에게 어떻게 영향을 끼치고 있는가?

나는 그 결과에 대하여 어떤 느낌을 가지고 있는가?

⟨예⟩ "예약 시간에 늦으셨잖아요." → "예약 시간보다 많이 늦어져 무슨 일이 생겼는지 걱정했어요."

• 125

🔟 아론슨 화법

미국 심리학자 Aronson의 연구에 의하면, 사람들은 비난을 듣다 나중에 칭찬을 받게 됐을 경우가 계속 칭찬을 들어온 것보다 더 큰 호감을 느낀다고 하였다.

어떤 대화를 나눌 때 부정과 긍정의 내용을 혼합해야 하는 경우 이왕이면 부정적 내용을 먼저 말하고 끝날 때는 긍정적 의미로 마감하라는 것으로 단점이 있는 한편 못지않은 장점도 존재한다는 사실을 동시에 제시함으로써 저항의 강도를 낮춰가는 것이다. "효과는 최고인데 가격은 좀 비싸죠."보다 "가격은 비싸지만 효과는 최고죠."라고 표현하는 것이 '약점도 있지만 강점도 있다'는 관점 차이를 강조하는 표현이다.

⟨예⟩ "가격이 비싼 만큼 품질이 돋보인다."

"가격이 비싼 만큼 서비스가 완벽하다."

🔟🔟 바람직한 표현 실습

앞에서 다룬 서비스 화법을 적극 반영하여 아래 제시된 대화 사례를 고객 지향적 대화로 바꾸어 표현해보자.

사례 잘못된 대화

상담사 : 행복을 드리는 ○○텔레콤 ○○○입니다.

고　객 : 네, 제가 휴대전화 미납요금이 좀 있는데요.

상담사 : 네, 고객님

고　객 : 얼마인지 확인 좀 해주세요.

상담사 : 전화번호가 어떻게 되십니까?

고　객 : 010-****-****이요.

상담사 : 성함이 어떻게 되시죠?

고　객 : ○○○인데요.

상담사 : 본인이세요?

고　객 : 네.

상담사 : 네, 확인해보니 30,210원 미납요금이 있네요.

고　객 : 어떻게 내죠?

상담사 : 은행이나 인근 대리점 가셔서 내시면 됩니다.

고　객 : 제가 밖에 나갈 수가 없는데 다른 방법은 없어요?

상담사 : 바쁘시면 온라인 계좌이체도 되는데 해드릴까요?

고　객 : 그럼 계좌이체로 할게요.

상담사 : 네, 알겠습니다. 어느 은행으로 해드릴까요?

고　객 : △△은행이요.

상담사 : 네, 계좌번호는 ******-***-******입니다.

고　객 : 네.

상담사 : 감사합니다. ○○○이었습니다.

사례 대화사례 변경예시

상담사 : 안녕하십니까. 행복을 드리는 ○○텔레콤 상담원 ○○○입니다.

고　객 : 네, 수고하십니다.

상담사 : 네, 감사합니다. 고객님. 무엇을 도와드릴까요?

고　객 : 휴대전화 미납요금이 있는데요. 요금을 어떻게 내야 하나요?

상담사 : 미납요금 납부 말씀이시군요. 바쁘신 와중에 먼저 연락주셔서 감사합니다. 고객님의 정보 확인 후 바로 안내 도와드리겠습니다. 사용하시는 휴대폰 번호가 어떻게 되십니까?

고　객 : 010-****-****이요.

상담사 : 전화주신 분 성함이 ○○○으로 확인이 되는데 명의자 본인되십니까?

고   객 : 네, 전데요.

상담사 : 실례지만 고객님의 주민번호 뒤 7자리 말씀해주시겠습니까?

고   객 : *******입니다.

상담사 : 소중한 정보 확인해주셔서 감사합니다. 확인해보니 현재 전월 휴대전화 요금 30,210원이 미납되어 있습니다. 납부방법은 은행 또는 대리점 방문하시는 것과 계좌이체 또는 신용카드로 하는 게 있는데 어떤 방법이 편리하시겠습니까?

고   객 : 계좌이체로 할게요.

상담사 : 네, 계좌이체 방법 안내드리겠습니다. 입금하실 계좌 어느 은행으로 안내해드릴까요?

고   객 : △△은행이요.

상담사 : 고객님, 괜찮으시다면 메모 가능하시겠습니까?

고   객 : 네.

상담사 : 계좌번호는 *****-**-******이고 예금주는 ○○○입니다. 5시 이내로 입금하시면 오늘 내에 바로 반영되오니 참고하시기 바랍니다.

고   객 : 네.

상담사 : 고객님, 혹시 더 문의할 사항은 없으십니까? 무더운 날씨에 건강 유의하시기 바랍니다. 저는 상담사 ○○○이었습니다.

바람직하지 않은 용어	바람직한 용어
우리 ○○ 회사	저희 ○○ 회사
같이 온 사람	같이 오신 분
무슨 일이신가요?	무슨 용건으로 오셨습니까?
누구요?	누구신지요?
자리에 없어요.	자리를 비우고 없습니다.
좀 기다려 주십시오.	잠깐만 기다려주십시오.
돌아오면 말하겠습니다.	돌아오시면 전해 드리겠습니다.
전화를 해 주세요.	전화를 부탁드립니다.
또 오겠습니까?	다시 한번 와 주시겠습니까?
모릅니다.	죄송합니다. 잘 모르겠습니다.
안 됩니다. 못합니다.	대단히 죄송합니다만, 불가능합니다.
보고 올게요.	예! 보고 오겠습니다.

08 고객 성향에 따른 커뮤니케이션

 전문가형 고객

인터넷이 발달하면서 고객은 방문 전부터 우리 기업에 대한 많은 정보들을 쉽게 접할 수 있게 되었다. 그로 인해 전문가형 고객은 사전에 정보를 미리 습득하고 난 뒤 방문할 가능성이 높은데, 이런 경우에는 자칫 어설프게 응대했다가 고객에게 기업에 대한 신뢰감만 낮추게 될 가능성이 높다. 자신이 가지고 있는 정보에 대한 확신으로 납득할 만한 사유가 아니면 고집을 꺾지 않으려 하고 좀처럼 설득되지 않으며 권위적인 느낌을 상대에게 주어 상대의 판단에 영향을 미치려고 하기도 한다. 이런 경우에는 신입직원이 나서서 응대하는 것보다 전문적인 지식을 보유한 직원이 처음부터 응대하는 것이 좋으며, 우선 고객의 말을 잘 들으면서 고객이 알고 온 정보가 맞는 정보인지 확인하는 과정으로 대화를 이끌어나가는 것이 좋다. 맞는 정보일 경우에는 고객에게 동조하면서 부가 설명을 하도록 하며, 만약 고객의 정보가 틀린 내용인 경우에는 바로 틀렸다고 지적하기보다 왜 틀린 정보를 알게 되었는지 확인하며 공감할 수 있는 부연설명을 해나가는 것이 더욱 좋은 방법이다. 대화 중에 반론을 하거나 자존심을 건드리는 행위를 하지 않도록 주의하며 자신의 전문성을 강조하지 말고 문제해결에 초점을 맞추어 고객의 요구사항을 처리해나가도록 한다.

2 우유부단한 고객

즐겁고 협조적인 성격이나 다른 사람이 자신을 위해 의사결정을 내려주기를 기다리는 경향이 있어서 주변만 빙빙 돌며 변죽만 올리며 요점을 딱 부러지게 말하지 않는다. 이러한 유형은 대부분 보상을 얼마나 받아야 할지 또는 요구하는 보상이 기준 이상이라는 것을 자신이 잘 알고 있는 경우가 많다.

고객이 결정을 내리지 못하는 갈등요소가 무엇인지를 표면화시키기 위해 시기 적절히 질문을 하여 상대가 자신의 생각을 솔직히 드러낼 수 있도록 도와준다. 따라서 피해보상기준에 근거하여 적정보상기준과 이점 등을 성실히 설명하여 문제를 해결할 수 있도록 사후조치에 만전을 기하여 신뢰를 느낄 수 있도록 한다.

3 빈정거리는 고객

빈정거리거나 비꼬며 말하는 사람이나 무엇이든 반대하는 사람은 아무렇게나 내뱉듯이 말하다가 상대로부터 강한 추궁이나 반박을 당하면 자신이 한 말이 아무 의미 없는 것으로 책임을 회피하곤 한다. 문제 자체에 중점을 두어 이야기하지 않고 특정한 사람이나 문구, 심지어는 대화 중에 사용한 단어의 의미를 꼬투리를 잡아 항의하는 등 아주 국소적인 문제에 더욱 집착하여 말한다.

정중함을 잃지 않고 냉정하고 의연하게 대처하는 것이 좋으나 상황에 따라 고객의 행동을 우회하여 지적해 줄 수도 있고 때로는 가벼운 농담의 형식으로 응답하는 노련함이 효과적일 수 있다. 대화의 초점을 주제 방향으로 유도하여 해결에 접근할 수 있도록 자존심을 존중해 주면서 응대하고 고객의 빈정거림을 적당히 인정하고 요령껏 받아줌으로써 고객의 만족감을 유도하면 타협의 자세를 보이게 된다. 무엇이든 반대하는 사람은 질문법을 활용하여 고객의 의도를 표면화하는 것이 좋으며 감정조절을 잘하여 고객에게 휘말리지 않도록 주의해야 한다.

4 지나치게 호의적인 고객

사교적이며 협조적인 고객이면서 합리적이고 진지한 면이 있다. 그러나 때로는 고객 자신이 하고 싶지 않거나 할 수 없는 일에도 약속을 하여 상대방을 실망시키는 경우도 있다. 모든 사람이 항상 자신을 받아들이고 좋아해 주기를 바라는 욕구가 내재되어 있기도 하다.

이야기의 맞장구를 잘치는 사교적인 고객을 대할 때는 상대의 의도에 말려들 위험이 있으므로 기분에 사로잡히지 않도록 하며 말을 절제하고 고객에게 말할 기회를 많이 주어서 결론을 도출한다.

고객의 진의를 파악할 수 있도록 질문을 활용하고 합의를 지연하고자 하는 고객의 의도를 경계해야 한다. 상담자가 계획한 결론을 고수할 수 있도록 외유내강의 자세를 유지하여 깔끔한 합의를 이끌어낼 수 있어야 한다.

5 저돌적인 분위기의 고객

상황을 처리하는 데 단지 자신이 생각한 한 가지 방법밖에 없다고 믿고 남으로부터의 피드백을 받아들이려 하지 않는 고객이 있다. 남에게 마구 질문공세를 펴면서 분위기를 압도하려 하고 상대방의 이야기를 끊고 마구 자신의 주장을 펴기도 하므로 도발적인 느낌을 갖게 하는 고객이다.

침착성을 유지하고 고객의 친밀감을 이끌어낼 마음의 준비를 하여 자신감 있는 자세로 고객을 정중히 맞이해야 한다. 고객의 마음을 지배하고 있는 것은 표면화된 호전성과는 달리 극심한 불안감일 수도 있으므로 상담자가 미리 겁을 먹고 위축되지 않도록 한다. 그 사람이 나에게 항의하는 것이 아니고 고객이 회사에게 항의하는 것이므로 일어난 상황을 개인적인 일로 받아들이면 안 되기 때문에 논쟁을 하거나 마주 화를 내는 일이 없도록 하여 상대방이 소진될 때까지 시간을 두고 기다려야 한다. 조심스럽게 고객의 주의를 끌어 상담자의 영역 내의 방향으로 돌리도록 한 뒤에 조용히 사실에 대해 언급한다. 말하고 있는 도중 고객이 방해를 하면 친절히 양보하여 충분히 말할 수 있는 편안한 분위기를 유지해 주면서 고객 스스로가 문제를 해결할 수 있도록 유도한다. 또한 부드러운 분위기를 유지하며 정성스럽게 응대하되 음성에 웃음이 섞이지 않도록 유의한다. 고객이 흥분 상태를 인정하고 직접적으로 진정할 것을 요청하기보다는 고객 스스로 감정을 조절할 수 있도록 유도하는 우회화법을 활용한다.

6 같은 말을 장시간 되풀이하는 고객

상대의 말에 지나치게 동조하지 말고 고객의 항의 내용의 골자를 요약하여 확인한 후 고객의 문제를 충분히 이해하였다는 것을 알리고 문제해결에 관한 확실한 결론을 내어 고객에게 믿음을 주도록 한다. 회피하려는 인상을 주면 부담이 가중될 수 있으므로 가능한 신속한 결단을 하는 것이 좋다.

7 과장하거나 가정하여 말하는 고객

고객의 이야기를 메모하면서 경청하며, 고객의 의도를 잘 파악하여 말로 설득하려 하지 말고 객관적인 자료로써 응대하는 것이 좋다. 정면으로 부정하거나 확인하려 하면 커다란 마찰이 생길 수 있으니 우회화법으로 고객으로 하여금 사실을 말하도록 유도하여 고객이 말한 내용을 잘 기록하고 정리하여 변동사항이 발생했을 때 대처하도록 한다.

8 불평을 늘어놓는 고객

고객이 불평을 하거나 따지고 들 때는 "제가 뭐 압니까? 법이 그렇고, 위에서 그렇게 하라니 할 수 없죠." 하는 식의 무책임한 말을 해서는 안 된다. 또는 "그것은요~", "그건 아니죠" 하며 즉각 반론을 폈다가는 악화된 고객의 감정을 더욱 자극할 뿐이다. 그럴 때는 우선 그 이유를 재빨리 감지하여 고객이 오해를 하고 있다면 "선생님의 말씀도 일리는 있습니다만…" 하는 식으로 우선 고객의 입장을 인정해 준 후 차근차근 설명하여 이해를 시켜야 할 것이다. 그러나 고객의 요구가 정당하고 당신에게 잘못이 있었다면 앞 뒤 잴 것 없이 즉각 용서를 빌고 성의를 다하여 줌으로써 더 큰 언쟁으로 발전하는 일이 없도록 주의해야 한다.

9 비유를 잘 하는 고객

주의깊게 경청하고, 논리적 화법으로 설득하여야 하며 약점을 잡히면 신뢰감을 잃을 수 있으니 세심히 대처해야 한다. 고객이 이해할 수 있도록 설명하고 해결방법을 제시하도록 한다.

10 이치를 따지기 좋아하는 고객

고객에게 맞서서 따지지 말고 우선 고객의 의견을 존중하도록 한다. 상대의 의견에 동조하면서 문제에 대한 해결책을 구체적 사례를 근거로 제시하도록 하며, 꾸준히 설득하여 협조를 얻어내도록 한다.

11 성급한 고객

조금만 사무처리가 늦어도 빨리 빨리를 외치고 재촉이 심한 고객이다. 자리에 앉아 기다리지 못하고 안절부절 창구에 달라붙어 심지어 직원에게 "이렇게 하라, 저렇게 하라."고 업무지시까지 하는 고객에게는 말은 시원시원하게, 행동은 빨리빨리 하는 것이 상책이다.

12 무리한 요구를 서슴지 않고 하는 고객

원칙에 어긋난 일을 부탁한다거나 터무니없이 물건 값을 깎는 등 도저히 될 수 없는 일임에도 불구하고 고객이 무리한 요구를 하면 그처럼 답답한 일은 없다. 싸움을 걸기 위해 일부러 무리한 요구를 하는 고객도 없지 않겠지만 대부분의 경우, 고객은 자신의 입장만을 생각할 뿐 그 요구가 무리하다는 것을 알지 못한다. 이럴 때는 우선 고객의 입장을 충분히 이해하고 있음을 알려준 후 고객이 무리한 요구임을 납득할 수 있도록 차근차근 설명을 하여야 한다. 답답하고 짜증이 난다고 해서 "모르는 소리하지 마세요.", "아, 이 양반이 이거 처음 보나." 식으로 면박을 주고 무안을 주는 일이 있어서는 결코 안 된다.

13 큰소리로 말하는 고객

큰소리로 이야기하면 빨리 해결되겠지 라고 생각하는 경향이 강하다. "저 죄송합니다만, 목소리를 좀 낮추시지요."라고 응대할 수는 없는 문제이다. 우선 나의 목소리를 작게 낮추고 말을 천천히 이어감으로써 상대방으로 하여금 자기의 목소리가 지나치게 크다는 사실을 깨닫게 한다. 그래도 상대방이 계속 언성을 높일 때는 분위기를 바꾸는 것이 필요하다. 장소를 바꾸면 대화가 잠시 중단됨으로써 상대방의 기분을 전환시킬 수 있고 대화가 다시 새롭게 시작됨으로써 목소리를 낮추는 효과를 거둘 수 있다.

14 말 많은 고객

그저 참고 듣고 있는 수밖에 방법이 없다. 이런 고객의 말문을 노골적으로 막았다가는 금방 돌아서 버리고 만다. 말 많은 것만큼 기분 변화도 심하기 때문이다.

15 쾌활한 고객

이런 유형의 고객에게 너무 정중하게 대할 것만이 아니라 한 걸음 나아가 친숙한 사이로 접근해 봄이 바람직하다. 일을 처리함에 있어서 "예스", "노"를 분명히 하는 것이 좋다. 단, 상대방의 쾌활함에 밀려 예의를 벗어나는 일이 없도록 유의해야 한다.

16 말이 없는 고객

속마음을 헤아리기 어려운 고객이다. 조금 불만스러운 것이 있어도 잘 내색을 하지 않는 유형이다. 그러나 말이 없다고 해서 흡족한 것으로 착각해서는 안 된다. 이런 고객은 한 번 마음에 들면 거래가 오래 계속되나, 반면에 마음이 돌아서면 끝이기 때문이다. 말이 없는 대신 오해도 잘하므로 정중하고 온화하게 대해주고 일은 차근차근 빈틈없이 처리해 주어야 한다.

17 깐깐한 고객

별로 말이 많지 않고 예의도 밝아 직원에게 깍듯이 대해주는 반면, 직원의 잘못은 짚고 넘어가는 유형이다.

정중하고 친절히 응대하되 만약 고객이 잘못을 지적할 때는 반론을 펴지 말고 "지적해 주셔서 감사합니다." 하고 적극적으로 받아들이는 자세를 취하도록 하자.

18 자신감이 없는 고객

처음 거래를 시작하러 왔다든가 또는 특별한 서비스에 익숙하지 못해 주눅이 들어 있는 고객이다. 이런 고객에게는 안내단계에서부터 자세하고 친절히 대해주어 자신감을 북돋아 주어야 한다. 이상한 눈초리로 쳐다보거나 또는 착 달라붙어 몸 둘 바를 모르게 할 것이 아니라 마음 편하게 응대해 주는 것이 좋다.

19 의심이 많은 고객

의심 많은 고객에게는 자신감 있는 태도로 명확하고 간결한 응대를 하여야 한다. 너무 자세한 설명이나 친절도 의심의 대상이 되기 때문에 분명한 증거나 근거를 제시하여 스스로 확신을 갖도록 유도하여야 하며 때로는 책임자로 하여금 응대하도록 하는 것도 좋다.

20 어린이 동반 고객

어린이에 대한 관심을 고객 자신에 대한 관심으로 여긴다.

어린아이의 특징을 재빨리 파악하여 적절한 찬사를 보내는 것이 좋다. 울거나 칭얼거린다 하여 윽박지를 것이 아니라 살짝 안아준다거나 다독거려야 하는 재치를 보여야 한다. 어린이가 많이 오는 곳이면 사탕과 껌을 준비할 필요도 있다.

21 모르는 것을 물어오는 고객

응대자가 확실히 알지 못하는 것을 고객이 물을 때 어물어물 넘기거나 틀린 대답을 해 주었다가는 나중에 큰 코를 다치게 될지 모른다. "그것은 제가 잘 모르고 있습니다. 담당자를 불러 드리겠습니다.", "죄송합니다만, 잠시만 기다려 주십시오. 확실히 알아본 후 안내해 드리겠습니다." 하고 친절히 응대하여 확실한 답을 얻을 수 있도록 해야 한다.

22 말을 더듬는 고객

고객의 이야기에 보조를 맞춘다. 미리 짐작하여 고객의 말이 끝나기 전에 대답하기보다 마음 편하게 이야기할 분위기를 조성해준다. 고객의 요청사항에 대해서는 구체적으로 제시하며 설명하도록 한다.

1. 호감 가는 서비스 표현/화법을 사용하여 상황에 따른 고객응대 멘트를 작성하여 보자.

- 고객을 맞이할 때

- 고객의 용건을 받아들일 때

- 고객에게 감사의 마음을 나타낼 때

- 고객에게 질문을 하거나 부탁할 때

- 고객을 기다리게 할 때

- 고객으로부터 재촉을 받을 때

- 용건을 마칠 때

1. 고객의 연령과 특성에 맞는 접근 화법을 사용하여 대화를 시도하여 보자.

- 중년부부 고객 -

- 한국어를 잘 못하는 고객 -

- 장애 고객 -

- 어린이 동반 고객 -

- 10대 청소년 고객 -

2. 칭찬 게임을 통한 칭찬 릴레이를 해보자.

    <게임 방법>
- 상대에게 건네줄 칭찬 카드를 작성한다.
- 이름을 불러준다.
- 긍정적인 칭찬을 이야기한다.
- 칭찬에 대한 근거를 함께 이야기한다.

Chapter
06

고객유형별 응대

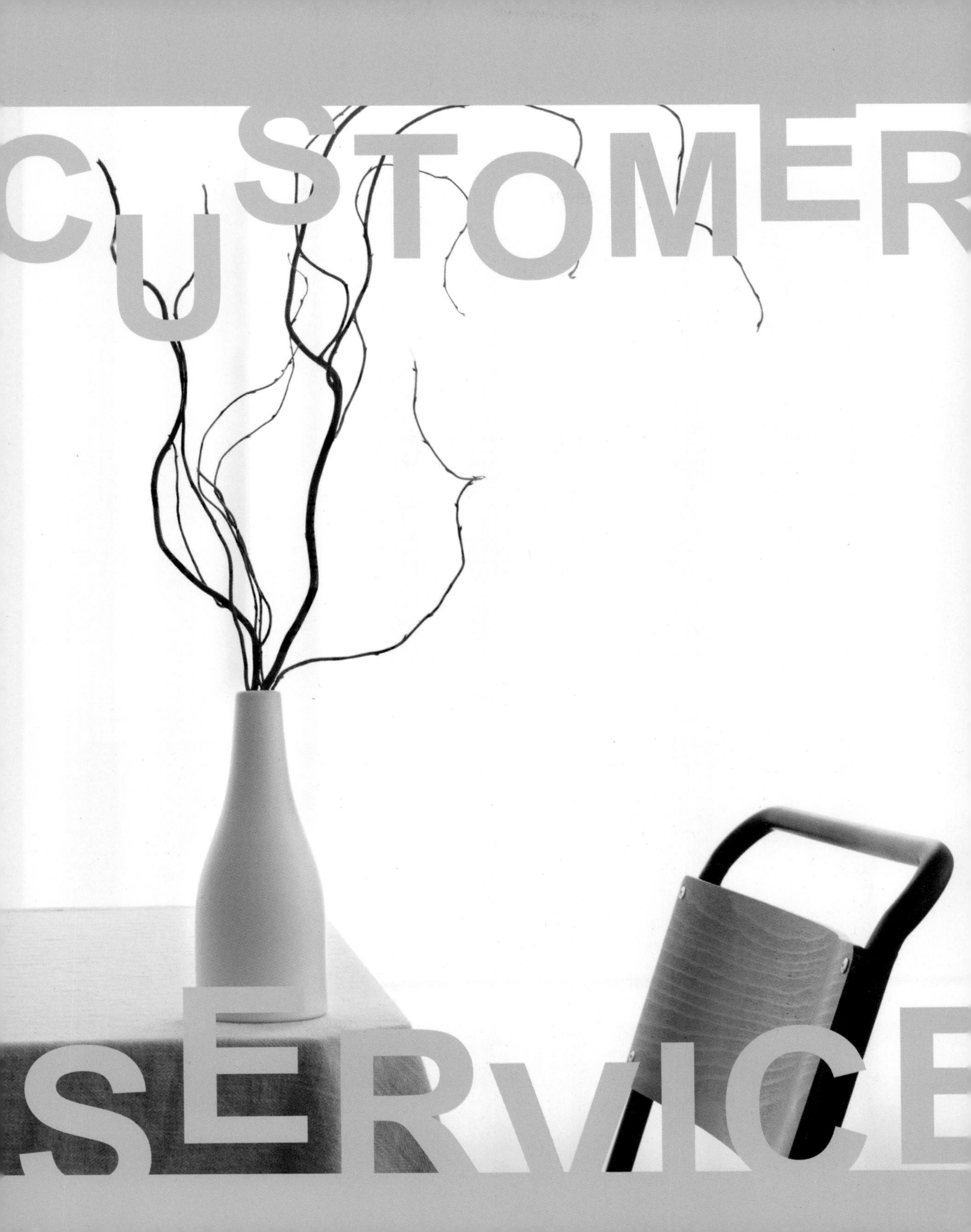
CUSTOMER
SERVICE

Chapter
06 CUSTOMER

고객유형별 응대

이 장을 읽기 전 아래의 문항에 답해 보시오.

1. 나는 나와 전혀 다른 성향의 사람과도 교류하는 것을 좋아한다.
   1   2   3   4   5
   (전혀 그렇지 않다)   (매우 그렇다)

2. 나는 평소 나와 다른 성향의 사람을 잘 이해하는 편이다.
   1   2   3   4   5
   (전혀 그렇지 않다)   (매우 그렇다)

3. 나는 상대 유형에 따른 맞춤 응대 노하우를 가지고 있다.
   1   2   3   4   5
   (전혀 그렇지 않다)   (매우 그렇다)

사람은 사회적 동물이다. 우리는 집에서, 학교에서, 일터에서 나와 비슷하거나 전혀 다른 성향의 사람들과 함께 끊임없이 교류하며 살아가고 있다. 우리는 그 관계 속에서 스트레스를 받을 때가 있으며, 나와 다른 성향의 고객과의 응대에 어려움을 겪기도 한다. 성격적 특성 파악을 통해 커뮤니케이션을 원활히 이루어낸다면 좀 더 효과적이고 능동적으로 업무에 임할 수 있지 않겠는가. 커뮤니케이션을 원활하게 이루기 위해 본 장에서는 Katharine Cook Briggs & Isabel Briggs Myers가 개발한 MBTIMyers-Briggs Type Indicator에 의한 성격유형과 William Mouston Marston 박사가 개발한 DiSC 행동유형모델의 성격특성모델을 제시하고 그에 따른 커뮤니케이션을 살펴보고자 한다.

01 DiSC 유형별 이해 및 응대

일반적으로 사람들은 태어나서부터 성장하여 현재에 이르기까지 자기 나름대로의 독특한 동기요인에 의해 선택적으로 일정한 방식으로 행동을 취하게 된다. 그것은 하나의 경향성을 이루게 되어 자신이 일하고 있거나 생활하고 있는 환경에서 아주 편안한 상태로 자연스럽게 그러한 행동을 하게 된다. 우리는 그것을 행동패턴Behavior Pattern 또는 행동스타일Behavior Style이라고 한다.

1928년 미국 콜롬비아대학 심리학교수인 William Mouston Marston 박사는 사람들이 이러한 행동경향성을 보이는 것에 대해 독자적인 행동유형모델을 만들어 설명하고 있다.

Marston 박사에 의하면 인간은 환경을 어떻게 인식하고 또한 그 환경 속에서 자기 개인의 힘을 어떻게 인식하느냐에 따라 4가지 형태로 행동을 하게 된다고 한다.

이러한 인식을 바탕으로 한 인간의 행동을 Marston 박사는 각각 주도형, 사교형, 안정형, 신중형, 즉 DiSC 행동유형으로 부르고 있다.

1 DiSC 행동유형의 목표

- 자신의 행동유형과 강점을 발견하고 이를 활용할 수 있다.
- 타인의 행동을 이해하고 다른 사람과 효과적으로 상호작용할 수 있다.
- 자신에게 맞는 갈등관리, 대인관계 유지방법, 학습방법을 발견할 수 있다.

2 DiSC 행동유형모델

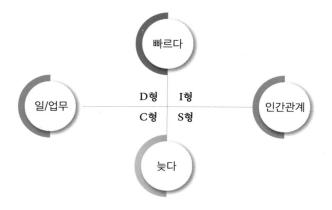

3 DiSC 행동유형의 특성

Dominance(주도형)	Influence(사교형)
결과를 성취하기 위해 장애를 극복함으로써 스스로 환경을 조성한다.	다른 사람을 설득하거나 영향을 미침으로써 스스로 환경을 조성한다.
• 빠르게 결과를 얻는다. • 다른 사람의 행동을 유발시킨다. • 도전을 받아들인다. • 의사결정을 빠르게 내린다. • 기존의 상태에 문제를 제기한다. • 지도력을 발휘한다. • 어려운 문제를 처리한다. • 문제를 해결한다.	• 사람들과 접촉한다. • 호의적인 인상을 준다. • 말솜씨가 있다. • 다른 사람을 동기유발시킨다. • 열정적이다. • 사람들을 즐겁게 한다. • 사람과 상황에 대해 낙관적이다. • 그룹 활동을 좋아한다.

Conscientiousness(신중형)	Steadiness(안정형)
업무의 품질과 정확성을 높이기 위해 기존의 환경 안에서 신중하게 일한다.	과업을 수행하기 위해서 다른 사람과 협력한다.
· 중요한 지시나 기준에 관심을 둔다. · 세부사항에 신경을 쓴다. · 분석적으로 사고하고 찬반, 장단점 등을 고려한다. · 외교적 수완이 있다. · 갈등에 대해 간접적 혹은 우회적으로 접근한다. · 정확성을 점검한다. · 업무수행에 대해 비평적으로 분석한다.	· 예측 가능하고 일관성 있게 일을 수행한다. · 참을성을 보인다. · 전문적인 기술을 개발한다. · 다른 사람을 돕고 지원한다. · 충성심을 보인다. · 남의 말을 잘 듣는다. · 흥분한 사람을 진정시킨다. · 안정되고, 조화로운 업무환경을 만든다.

4 유형별 의사소통법

(1) 주도형과 의사소통하는 방법

- 간략히 말하고, 핵심만 이야기한다.
- How절차, 방법가 아닌, What결론에 관심을 두고 이야기한다.
- 상대방이 원하는 결과에 관심을 가져준다.
- 결과를 성취하고 문제를 해결하고, 책임을 질 부분에 대해서 이야기한다.
- 사실과 아이디어에 관심을 집중한다.
- 최종 결과나 목표에 대해서 이야기한다.

(2) 주도형의 효과적인 응대용어

- 지금 당장 신속한 방법은,
- 빨리 알아보겠습니다.
- 핵심을 짚어주셨습니다. 맞습니다.
- 즉시 알아보겠습니다.
- 시간을 절약하시려면,

- 네, 물론입니다.
- 네, 바로 확인하겠습니다.

(3) 사교형과 의사소통하는 방법

- 호의적이고 친근한 환경을 만들어라.
- 자기의 생각, 느낌에 대해 이야기할 기회를 제공한다.
- 자극적이고, 사교적인 활동을 위한 시간을 제공한다.
- 공감과 칭찬 표현을 통해 교류한다.
- 참여적인 관계를 제공한다.

(4) 사교형의 효과적인 응대용어

- 기분이 나쁘실 수 있죠.
- 저도 그렇습니다. 속상하셨겠어요.
- 어떤 기분인지 알 것 같아요.
- 그러시죠. 당연하시죠.
- 잘 알고 계시네요. 어머 어떻게 그런 일이 있을 수가
- 그렇게 느끼실 수 있죠.

(5) 안정형과 의사소통하는 방법

- 진실되고 개인적이고 편안한 환경을 만들어라.
- 개인적으로 진실된 관심을 가져라.
- How 질문에 대해 명확하게 답변을 해준다.
- 목표를 끌어내는 데 인내심을 가져라.
- 명확하게 목표, 역할, 절차, 전체계획에서 위치를 규정한다.
- 사후지원을 해준다.
- 어떻게 상대방의 행동이 위험을 최소화하고 현재 일을 향상시키는지 강조한다.

(6) 안정형의 효과적인 응대용어

- 무슨 말씀 하시려는지 알 것 같습니다.
- 맞는 말씀이시네요. 그러실 수 있죠.
- 이렇게 해보면 어떨까요.
- 진심으로 사과말씀 올립니다.
- 어떤 말씀인지 이해가 됩니다.
- 저를 봐서 조금만 기다려 주시면,
- 뭐라 드릴 말씀이 없습니다.

(7) 신중형과 의사소통하는 방법

- 대화하기 전에 충분히 준비할 시간을 준다.
- 아이디어에 대한 찬성과 반대의견을 직접 제공한다.
- 정확한 데이터를 가지고 설명한다.
- 갑작스럽게 합의된 내용을 바꾸지 않는다는 확신을 제공한다.
- 이 일이 전체와 어떻게 연계가 되어 있는지 정확하게 설명한다.
- 체계적이고 포괄적인 방법으로 내용을 제시한다.
- 만약 동의하지 않는다면 구체적으로 말한다.
- 참을성 있게 지속적으로 설득하는 식으로 이야기한다.

(8) 신중형의 효과적인 응대용어

- 사실은 이렇습니다.
- 자료가 보여주듯이,
- 다시 한번 체크해보겠습니다.
- 정확한 원인을 찾아보겠습니다.
- 증명된, 분석하여, 시간을 두고
- 정확한 지적입니다.
- 중요한 말씀입니다.

MBTI는 C. G. Jung의 심리유형론을 근거로 하여 Katharine Cook Briggs와 Isabel Briggs Myers가 융의 이론을 보다 쉽고 일상생활에 유용하게 활용할 수 있도록 고안한 자기보고식 성격유형 선호지표이다.

융의 심리유형론은 인간행동이 그 다양성으로 인해 종잡을 수 없는 것 같이 보여도, 사실은 아주 질서정연하고 일관된 경향이 있다는 데서 출발하였다. MBTI는 인식과 판단에 대한 융의 심리적 기능이론, 그리고 인식과 판단의 향방을 결정짓는 융의 태도이론을 바탕으로 하여 제작되었다. 또한 개인이 쉽게 응답할 수 있는 자기보고self report 문항을 통해 인식하고 판단할 때의 각자 선호하는 경향을 찾고, 이러한 선호경향들이 하나하나 또는 여러 개가 합쳐져서 인간의 행동에 어떠한 영향을 미치는가를 파악하여 실생활에 응용할 수 있도록 제작된 심리검사이다.

1 MBTI 선호경향

선호경향이란 C. G. Jung의 심리유형론에 따르면, 교육이나 환경의 영향을 받기 이전에 인간에게 잠재되어 있는 선천적 심리경향을 말하며, 각 개인은 자신의 기질과 성향에 따라 성격의 기능이 판단과 인식, 사고와 감정, 감각과 직관, 외향과 내향 4가지 양극지표에 따라 둘 중 하나의 범주에 속하게 된다. MBTI의 4가지 선호경향의 결과에 따라 머리글자로 형성된 네 개의 영어 알파벳으로 표시되어 결과 프로파일에 제시된다. 따라서 MBTI의 성격 유형은 16가지로 분류되게 된다.

외향형(E)Extraversion ←에너지방향, 주의초점→ 내향형(I)Introversion
감각형(S)Sensing ←인식기능(정보수집)→ 직관형(N)iNtuition
사고형(T)Thinking ←판단기능(판단, 결정)→ 감정형(F)Feeling
판단형(J)Judging ←이행양식/생활양식→ 인식형(P)Perceiving

출처 - MBTI연구소

외향형(Extraversion)	내향형(Introversion)
• 폭넓은 대인관계를 유지하며 사교적이고 정열적이며 활동적이다.	• 깊이 있는 대인관계를 유지하며 조용하고 신중하며 이해한 다음에 경험한다.
감각형(Sensing)	직관형(iNtuition)
• 오감에 의존하여 실제의 경험을 중시하며 지금, 현재에 초점을 맞추고 정확, 철저히 일처리한다.	• 육감 내지 영감에 의존하며 미래지향적이고 가능성과 의미를 추구하며 신속, 비약적으로 일처리한다.
사고형(Thinking)	감정형(Feeling)
• 진실과 사실에 주관심을 갖고 논리적이고 분석적이며 객관적으로 판단한다.	• 사람과 관계에 주관심을 갖고 상황적이며 정상을 참작한 설명을 한다.
판단형(Judging)	인식형(Perceiving)
• 분명한 목적과 방향이 있으며 기한을 엄수하고 철저히 사전계획하고 체계적이다.	• 목적과 방향은 변화 가능하고 상황에 따라 일정이 달라지며 자율적이고 융통성이 있다.

2 MBTI 16가지 유형

유형	특성	성격
ISTJ	• 조용하고, 신중하며, 철저함과 확실성으로 좋은 결과를 얻고자 한다. • 구체적이고, 사실적이며, 현실적이고, 책임감이 강하다. • 해야 할 것을 논리적으로 결정하고, 흐트러짐 없이 꾸준히 해나간다. • 체계적으로 자신들의 일, 가정, 삶을 구성해 나갈 때 기쁨을 얻는다. • 전통과 성실을 가치 있게 여긴다.	세상의 소금형
ISFJ	• 조용하고, 다정하며, 세심하고, 성실하며, 책임감이 강하다. • 자신들의 의무에 헌신적이고, 이를 꾸준하게 실현해 나간다. • 철저하고, 노고를 아끼지 않으며, 사려깊고, 정확하다. • 타인, 특히 자신에게 중요한 사람들의 느낌에 관심이 많고, 그들과 관련된 구체적인 것을 잘 알아차리고 기억한다. 직장과 가정에서 정돈되고 조화로운 환경을 만들기 위해 노력한다.	임금 뒤 권력형

유형	특성	성격
INFJ	• 아이디어, 관계, 물질 안에서 의미와 연관성을 찾는다. • 사람들의 동기를 이해하기 원하고, 다른 사람들에 대해 통찰력을 지니고 있다. • 자신들의 확고한 가치를 양심적으로 수행한다. • 공동의 선을 추구하기 위한 명확한 비전을 개발한다. • 자신의 비전을 수행하기 위해 사람들을 조직화하고 동기화시킨다.	예언자형
INTJ	• 독창적이고 창의적인 마인드를 지니고 있다. • 자신의 아이디어를 실현하고, 목적을 성취하고자 하는 욕구를 지니고 있다. • 사건의 패턴을 빨리 파악하여, 관련된 광범위한 설명과 더불어 앞으로의 전망을 제시한다. • 일을 조직화하고, 포괄적으로 수행한다. • 회의적이고 독립적이며, 자신과 타인들에 대한 능력과 수행에 높은 기준을 지니고 있다.	과학자형
ISTP	• 상황에 대해 관조적이고 유연하다. • 문제가 발생할 때까지 조용히 관찰하지만, 일단 발생하면 실행 가능한 해결책을 찾기 위해 빠르게 움직인다. • 문제의 현실적인 원인을 분석하고, 핵심을 구체적으로 파악하기 위해서 많은 양의 정보를 처리한다. • 원인과 결과에 관심이 많고, 사실을 논리적으로 구조화하고자 하며, 효율성에 가치를 둔다.	백과사전형
ISFP	• 조용하고, 다정하며, 정서에 민감하고, 친절하다. • 현재의 순간을 즐기며, 주변에서 일어나는 일들을 즐긴다. • 자신만의 공간과 시간 안에서 일하는 것을 좋아한다. • 자신의 가치를 중요시 여기며, 의미 있는 사람들에게 충실하며, 헌신적이다. • 논쟁과 갈등을 싫어하며, 자신의 의견이나 가치를 다른 사람들에게 강요하지 않는다.	성인군자형
INFP	• 이상주의자이며, 자신에게 의미 있는 가치나 사람들에게 충성한다. • 자신의 가치와 조화를 이룰 수 있는 외부 세계를 원한다. • 호기심이 많고, 어떠한 일의 가능성을 보는 경향이 있으며, 아이디어를 수행하기 위한 촉매 역할을 한다. 사람들의 본질을 이해하려 하고, 이들의 가능성을 성취할 수 있도록 돕는다. • 자신들의 가치가 위협받지 않는 한 잘 적응하고, 융통성이 있으며, 수용하는 편이다.	잔다르크형

유 형	특 성	성 격
INTP	• 이론적이고, 추상적이며, 자신의 관심영역에 논리적이고 이론적인 설명을 하고자 한다. • 타인과의 상호작용보다는 아이디어에 더 많은 관심을 가지고 있다. • 조용하고, 보유적이며, 유연성 있고, 적응력이 있다. • 관심분야에 있어서 문제해결에 깊이 집중하는 모습을 보인다. • 회의적이며, 때로는 비판적이고, 항상 분석적이다.	아이디어 뱅크형
ESTP	• 상황에 유연하며, 즉각적인 결과에 초점이 맞춰진 현실적인 접근을 선호한다. • 이론과 개념적인 설명은 지루해하며, 문제해결을 위해 활동적으로 움직인다. • 지금 이 순간에서 벌어지는 일에 관심이 많고, 타인들과 활기차게 할 수 있는 매 순간을 즐긴다. • 감각적인 편안함과 스타일을 즐긴다. • 현실적이고 실제적인 경험을 통해서 배워나간다.	수완이 좋은 활동가형
ESFP	• 사교적이고, 다정하며, 수용적이고, 긍정적이다. • 타인들과의 상호작용과 물질적인 편안함을 추구한다. • 타인들과 함께 일하는 것을 즐기며, 상식적, 현실적인 접근으로 일을 재미있게 하고자 한다. • 융통성이 있고, 자발적이며, 새로운 사람들과 환경에 빨리 적응한다. • 사람들과 함께 경험을 해 봄으로써, 가장 잘 학습한다.	사교형
ENFP	• 열정적이고, 따뜻하며, 상상력이 풍부하다. • 세상을 가능성이 풍부한 곳으로 바라본다. • 사건과 정보를 잘 연관지으며, 자신만의 패턴을 기반으로 자신감 있게 일을 진행시킨다. • 타인들로부터 칭찬받기 원하며, 감사와 지지를 잘 표현한다. • 자발적이고, 융통성이 있으며, 열정적이고, 때로 자신만의 즉흥적, 유창한 언변을 발휘한다.	스파크형
ENTP	• 상황을 빠르게 이해하고, 활기차고, 기민하며, 거리낌 없이 표현한다. • 새롭고 도전적인 문제를 해결하는 데 흥미를 느끼며, 개념적 가능성을 창출하고, 그 후 전략적으로 그것들을 분석한다. • 사람들과 상황의 전반적인 흐름을 읽어내고자 한다. • 일상적인 일은 지루해하며, 똑같은 일을 똑같은 방식으로 처리하는 경우가 드물다. • 관심의 폭이 넓고, 한 가지 새로운 흥미는 또 다른 것으로 바뀌기 쉽다.	발명가형

유형	특성	성격
ESTJ	• 구체적이고, 현실적이며, 사실적이다. • 결정을 하고자 하고, 결정된 것들을 이행하기 위해 빠르게 움직인다. • 프로젝트를 구조화하고, 사람들을 조직하며, 가능한 가장 효율적인 방법으로 결과를 얻는 것에 초점을 맞춘다. • 명확한 일련의 논리적 기준을 가지고 있고, 규칙적으로 그것에 따르며, 다른 이들도 또한 그러기를 바란다. • 자신의 계획을 추진해 나갈 때, 영향력을 행사하고자 한다.	사업가형
ESFJ	• 마음이 따뜻하고, 양심적이며, 협조적이고, 주변상황이 조화롭고 화합되기를 원한다. • 목표를 성취하기 위해 결정권을 가지고 일하기 좋아하며, 정확하고 제시간에 완수되기를 원한다. • 혼자보다 타인들과 함께 일하는 것을 좋아한다. • 사소한 일들도 성실하게 끝까지 해내며, 자신의 존재와 기여를 인정받기 원한다. • 일상생활에서 타인들의 필요를 잘 알아채며, 그것을 제공하기 위해 노력한다.	친선도모형
ENFJ	• 따뜻하고, 감정이입을 하며, 표현이 활발하고, 책임감이 있다. • 타인들의 정서, 욕구 그리고 동기에 대한 높은 관심을 가지고 있다. • 모든 사람들의 잠재성을 찾는 동시에, 그것들을 실현시킬 수 있도록 돕는다. • 집단 안에서 다른 사람들과의 상호작용을 촉진시키며, 성장을 위한 촉매역할을 한다. • 비전과 목표에 대해서 사람들을 동기화시키는 리더십을 발휘한다.	언변능숙형
ENTJ	• 솔직하며, 결단력 있고, 타인들을 이끌고자 한다. • 비논리적이거나, 비효율적인 절차와 정책을 빨리 간파하고, 조직의 문제를 해결하기 위한 포괄적인 시스템을 개발하고 수행한다. • 자신들의 지식을 확장하고자 하고, 또한 그것을 타인들에게 전달하는 것을 즐긴다. • 장기 계획과 목표를 설정하고 자신들의 아이디어와 비전을 뚜렷하게 표현하고 관철시킨다.	지도자형

1. 나의 유형의 강점과 약점에 대해 서술하고 다른 유형과 비교하여 보자.

2. 나의 유형과 대화를 나눌 때 효과적인 의사소통 방법과 주의할 점을 다른 유형과 함께 이야기 나누어 보자.

파트너와 짝을 이루어 한 명은 고객, 한 명은 응대자가 되어
다음에 주어지는 상황에 따라 실전과 같은 태도로 응대해보자.

1. 먼저 파트너의 유형이 무엇인지 파악하자. 파트너의 유형과 특징은?

2. 상대의 유형에 맞게 대기시간 지연에 대한 안내를 해보자.

고객 서비스 **실무**
Customer Service

Chapter
07

전화응대

CUSTOMER

SERVICE

전화응대

이 장을 읽기 전 아래의 문항에 답해 보시오.

1. 나는 평소 친절하게 전화를 받는 편이다.

1   2   3   4   5

(전혀 그렇지 않다)   **(매우 그렇다)**

2. 나는 전화응대의 기본방법에 대해 잘 알고 있다.

1   2   3   4   5

(전혀 그렇지 않다)   **(매우 그렇다)**

3. 나의 전화응대 매너에 상대방이 항상 만족한다.

1   2   3   4   5

(전혀 그렇지 않다)   **(매우 그렇다)**

01 전화응대의 중요성

1893년 전화가 우리나라에 보급된 이후부터 우리의 삶에 많은 변화와 영향들을 끼치고 있다. 전화가 주는 긍정적인 효과는 여러 곳에서 찾아볼 수 있다. 일반 가정에서는 먼거리에 있는 지인들과 만나지 않고도 소통을 할 수 있게 되었고, 기업에서는 업무처리 속도와 성과면에서도 효과를 톡톡히 보고 있으며, 고객들 또한 전화를 통해 방문하지 않고도 업무를 해결할 수 있게 되었다. 이렇듯 전화를 활용하는 고객 서비스는 잘 사용하였을 경우 오는 긍정적 효과가 많지만, 자칫 전화를 잘못 사용하여 오는 부정적 효과도 무시하지 못하는 실정이기도 하다. 전화는 상대방과 직접 대면하지 않고 목소리나 언어만으로 대화가 이루어지기 때문에 상대가 그 의미를 오해하거나 자칫하면 실수를 범할 수도 있기 때문이다. 그리하여 서비스인들은 직접 응대하는 경우보다 더 세심한 주의가 필요하다. 전화에서는 고객이 당장 눈 앞에 보이지 않는다는 사실 때문에 대면 서비스와는 달리 퉁명스러운 목소리, 단답형 또는 건성건성으로 답변을 하는 경우를 볼 수가 있다. 본 장에서는 비대면 서비스인 전화응대의 중요성과 스킬을 습득하여 친절한 전화응대자로서 자신의 이미지와 역량을 다져보기로 한다.

• 157

02 전화응대 구성요소

직접대화의 경우 55%의 몸짓언어, 38%의 목소리 톤, 7%의 사용하고 있는 언어의 비율로 언어의 전달이 이루어지지만, 전화대화의 경우 82%가 목소리 톤, 18%가 사용하는 언어의 비율로 이루어지기 때문에 음성 관리의 중요성이 더욱 부각되고 있다.

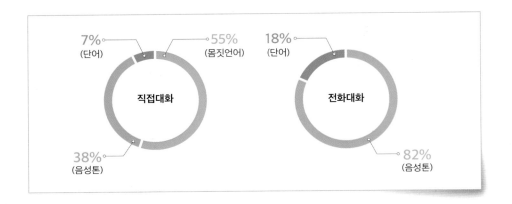

일반적으로는 전화응대 시 기본 톤은 솔톤으로 많이 알고 있다. 114의 상담원의 음성톤을 들어본 적이 있는가? 114상담원의 음성톤이 솔톤에 가깝다고 볼 수 있다. 그렇다면 우리는 서비스 접점에서 무조건 솔톤으로 응대하는 것이 바람직할까? 무조건적으로 솔톤으로 응대하는 것이 아니라 상황에 따라 적절한 음성톤 연출이 필요할 것이며, 톤과 함께 전달하는 태도가 더욱 중요할 것이다. 그렇다면 태도에 따라 음성톤의 느낌은 어떻게 전달되는지 살펴보자.

음성톤	(+) 태도	(−) 태도
솔	명랑한 이미지	신경질적인 이미지
미	겸손한 이미지	타성에 젖은 이미지
도	정중한 이미지	침체된 이미지

03 전화응대의 특성

전화응대의 주요 특성에 대해 몇 가지 정리해보자.

첫 번째, 전화응대는 업무의 기본이자 기업의 첫 이미지이다.

전화기의 사용이 보편화되면서 직접 대면 외에 전화를 통해 업무를 해결하는 경우가 많아지고 있다. 고객이 회사에 방문하기 전에 먼저 전화를 걸었다면 전화응대를 통해 첫 만남이 이루어진다. 단순한 전화응대가 아닌 회사와의 첫 만남 순간이자 첫 이미지를 좌우할 수 있는 매우 중요한 순간이라는 인식을 가지는 것이 중요하다.

두 번째, 고객과 나의 얼굴 없는 만남이다.

전화응대는 직접 대면하여 이루어지지는 않지만, 우리는 그 사람의 목소리와 어투를 통해, 현재 그 사람의 자세, 표정, 태도 등을 짐작할 수 있다. 수화기로 이루어지는 대화이지만 항상 고객을 마주보고 대화한다는 느낌으로 응대하는 것이 중요하다.

세 번째, 예고 없이 찾아오는 방문객이다

고객은 우리 회사의 상황을 짐짓 예상을 할 뿐 내부의 정확한 사정을 파악할 수는 없다. 고객은 업무 시간에 전화를 걸면 즉시 신속하게 응대해줄 것이라는 기대를 하고 전화를 걸기 때문에 항상 준비되어 있는 자세로 받는 것이 중요하다.

네 번째, 비용이 발생한다.

고객을 위해 무료전화를 개설해 놓은 것이 아니라면, 일반적으로 기업에 전화를 걸 때, 전화를 건 고객이 전화비용을 부담하게 되어 있다. 고객의 시간과 비용이 발생되는 만큼 더욱 더 성의 있는 태도로 응대하는 것이 중요하다.

다섯 번째, 보안성이 없다.

기업에서는 정보 확인을 위하여 고객과의 통화 내용을 사전 양해를 구하고 녹취하기도 한다. 반대로 스마트폰이 보편화되면서 내용을 확인하기 위해 고객이 전화내용을 녹취하는 경우들도 있다. 전화응대를 단순히 고객과 직원 두 사람 사이의 정보 공유가 아닌 회사 전체와 고객 간의 정보 공유 개념으로 보아야 할 것이다.

04 전화응대의 기본자세

1 송수화기 사용법

수화기는 오른손잡이를 기준으로 해서 보통 왼손으로 받으며, 오른손으로는 메모할 준비를 하는 것이 기본 자세이다. 통화 중 주변과 옆의 소음이 상대에게 들리지 않도록 주의한다.

2 전화응대 3·3·3 기법

전화벨이 3번 울리기 전에 받으며, 통화는 핵심 내용으로 정리해 3분 안에 마칠 수 있도록 하며, 통화 종료 시에는 고객이 전화를 끊은 후 3초 후에 수화기를 내려놓는다.

3 전화응대의 3대 원칙

친절	• 직접 고객을 맞이하는 마음으로 전화응대를 한다. • 상냥한 어투로 상대를 존중하며 열린 마음으로 응대한다. • 잘못 걸려온 전화라도 고객응대 시와 같은 어조와 음성으로 받는다.
신속	• 전화벨이 울리면 세 번 이내에 신속히 받는다. • 간결하게 통화하며 결과 안내나 기다리게 할 경우에는 예정시간을 미리 알린다. • 전화를 걸기 전에는 용건을 5W1H로 미리 정리한다.
정확	• 정확한 어조와 음성으로 통화자의 신원을 알린다. • 용무를 정확히 전달하고 정확히 전달받는다. • 업무에 대한 정확한 전문지식을 갖추고 응대한다.

콜센터에서 상담원과 할아버지의 통화 내용

할아버지 여보세요… 여보세요…

상 담 원 안녕하십니까? 고객님 ##전자 상담원 김미녀입니다.

할아버지 _{침묵}

상 담 원 얼마전에 TV를 구매해주셔서 설치를 잘 받으셨는지 확인전화 드렸습니다……
여보세요??? 고객님 며칠전에 TV 설치받으셨죠?

할아버지 아 ~~ 테레비???

상 담 원 네. TV를 설치하는 과정을 지켜보신거 맞으세요?

할아버지 그렇지, 나랑 할멈이랑 같이 봤어. 기사가 아주 친절하고 착혀~~

상 담 원 네, 고맙습니다. 고객님께서 보시기에 전체적으로 설치과정이 매우만족, 만족, 약
간만족, 보통, 약간불만, 불만, 매우불만 중에 어떻게 느끼셨습니까?

할아버지 뭐라고????

상 담 원 아니. 솔직히 좋았다고 말씀해 주셨는데요. 7가지 중에 고객님이 평가해 주신다
면 [매우만족, 만족, 약간만족, 보통, 약간불만, 불만, 매우불만] 이 중에 고르신다
면 어떻게 평가해 주실까요?

할아버지 아유~~ 기다려봐유~~~어이~ 어이~어이~_{할머니 부르시는 소리} 어이~ 여기 고르랴~~~
아!! 몰러~~~아! 몰러~ 매운 만두하고 물만두 중에~ 매운만두하고 물만두 중에
고르랴~~~

할 머 니 아이 그냥~ 물만두로 해요! 그냥 물만두로 해~

출처: SBS라디오 2시탈출 컬투쇼

Q1 본 내용은 전화응대의 3대 원칙 중 어떤 부분 때문에 발생했는지 이야기해 보
고, 할아버지 고객에게 맞는 응대로 바꿔보자.

전화받기	전화 걸기
메모 준비	메모 준비
미소	미소
신속하게(벨 2~3회 이내)	내용정리-육하원칙
인사말, 소속, 이름 밝히기	인사말, 소속, 이름 밝히기
메모하며 내용듣기	통화 가능 여부 확인
용건 재확인	용건 말하기
답변 및 약속	용건 재확인
끝맺음 인사	끝맺음 인사
전화끊기	전화끊기

1 전화를 받는 경우

- 전화응대 자세는 고객을 마주한다고 생각하고 밝은 미소와 바른 자세로 받는다.
- 전화기 옆에 항상 메모지와 필기구를 준비해 놓는다.
- 전화벨이 2~3회 울릴 때 신속하게 왼손으로 수화기를 들어 받는다.
- 벨이 3회 이상 울린 후 받을 경우에는 "늦게 받아 죄송합니다." 하고 사과의 인사말을 먼저 실시한다.
- 첫 인사말과 함께 소속과 이름을 정확히 밝힌다.
    예 "감사합니다. ○○○센터 ○○○입니다.", "정성을 다하겠습니다. ○○○백화점 상담원 ○○○입니다."
- 상대방을 확인하며 밝고 명랑한 목소리로 응대한다.
- 중요한 용건은 반복, 복창으로 재확인하며 메모한다.
    예 숫자, 영문, 성명 등은 특히 확인, 복창
- 전체 통화 내용에 대해 정리, 재확인 후 마무리 인사한다.

예 "다른 궁금한 점은 없으십니까?"

- 끝인사 후 고객이 수화기를 내려놓는 것을 확인한 후 내려놓는다.

2 전화를 받는 경우 주의사항

- 직접응대와 같은 표정과 바른 자세를 유지하는지 스스로 점검한다.
- 무성의한 답변이나 고객이 묻는 질문에 충실하지 못한 답변을 하지 않는다.

  예 담당자가 아니라서, 네 아마도 그럴겁니다.
- 통화 중 옆사람과 갑자기 이야기하는 것에 주의한다.
- 메모하지 않고 대충 흘려듣지 않는다.
- 통화 중 다른 업무를 보거나 태도가 건성이지 않도록 한다.
- 기다리라는 멘트 후 수화기를 든 채 장시간 고객을 방치하지 않는다.
- 장시간 기다려야 할 경우에는 전화를 끊게 한 후 내용을 확인한 후 고객에게 전화를 걸도록 한다.
- 고객보다 먼저 수화기 버튼을 내려놓지 않는다.

3 전화받기 자기점검 체크리스트

	전화받기 점검항목	check
1	메모 도구를 미리 준비해두었습니까?	
2	벨이 2~3회 울릴 때 받습니까?	
3	바르게 자신의 이름을 밝힙니까?	
4	밝은 목소리를 계속 유지하며 통화합니까?	
5	요점을 복창합니까?	
6	중요한 사항은 메모를 하며 응대합니까?	
7	알기 쉬운 용어로 설명합니까?	
8	경어 사용을 적절히 합니까?	
9	문의한 사항에 대해 구체적으로 설명합니까?	
10	다른 궁금한 사항은 없는지 확인합니까?	
11	끝맺음 인사를 실시합니까?	
12	상대방이 끊고 난 후 전화를 끊습니까?	

식사 예약 시 고객과 직원 간의 대화내용

직 원   여보세요.

고 객   식사 예약을 미리 하고 싶은데요.

직 원   잠시만요.
<small>수화기 너머로 다른 직원에게</small> 예약한다는데?

직 원   몇 명이예요?

고 객   4명입니다.

직 원   <small>수화기 너머로 다른 직원에게</small> 4명이라는데?

직 원   <small>다시 고객에게</small> 이름이 뭐예요?

고 객   <small>화난 목소리</small> 실례지만 지금 전화받으시는 분이 매니저이신가요?

직 원   아뇨. 여기 직원인데요.

고 객   거기 매니저나 사장 없습니까?

직 원   왜요? 없는데요.

출처: 문화일보 2012.11.3일자

Q1   위의 고객과 직원의 통화내용에서 고객은 직원의 어떤 응대에 화가 났는가?

Q2   위의 내용을 올바른 전화응대로 바꿔보자.

4 전화를 거는 경우

- 전화를 거는 곳의 시간, 장소, 상황이 적절한지를 체크한다.
- 상대방의 전화번호, 소속, 성명을 확인한다.
- 전화 걸기 전 용건에 대해 미리 정리한다.
- 밝은 목소리로 인사하며 자신의 소속과 이름을 먼저 밝힌다.
- 통화하고자 하는 사람의 이름, 소속을 밝힌다.
- 다른 사람이 나오면 정중하게 연결해주기를 청한다.
- 상대방을 확인한 후 용건에 대해 쉽고, 간결하고, 명확하게 전달한다.
- 용건이 끝나면 끝인사를 실시하고 마무리한다.
- 거는 쪽이 먼저 끊는다. 윗사람에게는 아랫사람이 나중에 끊는다.

5 전화를 거는 경우 주의사항

- 늦은 밤, 이른 아침, 식사시간은 가급적 피하도록 한다.
- 고객에게 전화를 거는 경우에도 고객이 먼저 끊은 것을 확인한 후 끊는다. 다만, 서로 늦게 끊으려고 기다릴 경우에는 건 쪽에서 먼저 수화기를 내려 놓는다.
- 통화 도중 끊어졌을 때는 건 쪽에서 다시 걸도록 한다.
- 전화를 잘못 걸었을 경우는 아무 말 없이 그냥 끊지 말고, 잘못 걸어 죄송하 다는 사과를 하고 끊는다.

6 전화 걸기 자기점검 체크리스트

	전화 걸기 점검항목	check
1	전화 걸기 전 말할 내용을 미리 메모합니까?	
2	전화 거는 곳의 시간, 장소, 상황이 적절한지 체크합니까?	
3	상대방의 번호를 정확히 확인하고 겁니까?	
4	밝은 목소리로 인사합니까?	
5	바르게 자신의 소속과 이름을 밝힙니까?	
6	상대방을 확인합니까?	
7	용건을 간결, 명확, 쉽게 말합니까?	
8	상대에 맞는 적절한 경어를 사용합니까?	
9	끝맺음 인사를 합니까?	
10	수화기를 조용히 내려놓습니까?	

7 전화를 연결할 경우

- 전화받을 사람을 확인한다.
  예 "잠시만 기다려 주십시오. 연결해 드리겠습니다."
- 연결 전 전화 건 사람의 신원에 대해 확인한다.
  예 "죄송하지만, 누구시라고 전해 드릴까요?"
- 연결 시에 송화구를 막거나 HOLD 버튼을 누르고, 연결할 사람에게 누가 어떤 내용으로 전화를 걸었는지에 대해 요약하여 전달한다.
  예 "매니저님, ○○○회사 ○○○씨가 ○○○건으로 통화를 원합니다. 지금 연결해 드리겠습니다."
- 통화를 연결하면서 혹시 끊어질 경우를 대비해 직통 연결번호를 알려준다.
  예 "네, 바로 연결해드리겠습니다. 혹 연결 중 끊어지실 경우에는 ○○○-○○○○번으로 걸면 됩니다."
- 전화를 바로 받기 어려운 경우에는 사유를 설명하며 양해를 구하고, 메모를

받아 전달한다.

　㉘ "○○○매니저님께서 다른 업무 통화 중이라 바로 연결이 어렵습니다. 연락
　　처를 남겨주시면 메모해 전달해드리겠습니다."

8 전화받는 사람이 부재 중인 경우

- 부재 중인 이유와 일정을 알려준다.
- 문의자의 정보가 확실한 경우 상대
  방이 원하는 연락처를 알려준다.
- 용건을 물어보고 대신 처리가 가능
  한 경우에는 친절히 설명한다.
- 용건을 부탁받았을 때는 메모를 정
  확히 하여 전달하며, 전화를 받은
  자신의 소속, 이름을 알려준다.

9 전화가 잘 들리지 않는 경우

- 수화기를 입에서 멀리 두어 말하거나 목소리가 작게 들리는 경우에는 정중
  히 좀 더 큰소리로 말씀해 주실 것을 요청한다.
- 상대방의 말이 분명하게 들리지 않거나 전화 상태가 좋지 않은 경우 다시 걸
  도록 정중히 요청한다.

10 잘못 걸린 경우

- 상대방이 무안하지 않도록 친절하게 응대한다.
  　㉘ "실례지만 몇 번으로 전화하셨습니까? 여기는 ○○○병원입니다."

11 통화 도중 고객이 방문한 경우

- 먼저 눈인사와 가벼운 목례로 곧 응대할 것을 알린다.
- 가능한 통화를 빨리 끝내도록 하며, 통화가 길어질 경우 양해를 구한다.
  - 예 "고객님, 죄송하지만 앞에 고객님이 기다리고 계셔서 응대 후 바로 다시 전화를 드리겠습니다. 괜찮으시다면 번호를 남겨주시겠습니까?"

12 기침이나 재채기가 나오는 경우

- 수화기를 막고 들리지 않도록 한다. 급한 경우 고개만 돌린다.
- 고객에게 양해를 구하고 통화를 이어나간다.
  - 예 "고객님 죄송합니다. 갑자기 기침이 나와서…"

13 위치를 안내할 경우

- 어떤 교통편을 이용하여 방문할지를 확인한다.
  - 예 지하철, 버스, 택시, 자가차량
- 고객이 출발할 위치를 묻고, 고객이 오는 방향을 기준으로 하여 설명한다.

14 불만전화를 받을 경우

- 고객의 불만사항을 끝까지 경청한다.
- 고객의 불편한 감정에 공감하며, 사과한다.
- 불만사항을 조사하여 처리사항에 대해 안내하며, 전화를 끊기 전에 거듭사과와 함께 인사한다.

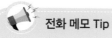 **전화 메모 Tip**

✅ **하수의 메모 전달**
이근호 대리라는 분이 전화 좀 달라고 합니다.

✅ **중수의 메모 전달**
○○○업체의 이근호 대리가 전화가 왔었는데, 매니저님이 잠시 자리를 비우셨다고 했더니 행사 준비건으로 연락드렸다고 회신 부탁하셨습니다.

✅ **고수의 메모 전달**

전화 메모			
시간 2013/00/00 14시경		받은 사람 : ○ ○ ○	
FROM	이근호	TO	○○○ 매니저님
용 건	1월 27일 행사준비 관계로 확인차 연락		
통화결과	☐ 전화 왔었다고 전해 주십시오. ☐ 다시 전화하시겠답니다. ■ 전화해달라고 하셨습니다. 　(연락처 : 010-1234-5678)		

• 169

06 전화응대 주요 화법

상 황	응대 화법
첫인사	감사합니다. ○○○여행사 ○○○입니다.
늦게 받을 경우	늦게 받아 죄송합니다. ○○○여행사 ○○○입니다.
전화 상태가 좋지 않은 경우	지금 전화 연결상태가 좋지 않습니다. 죄송합니다만, 다시 한번 걸어 주시겠습니까?
전화 연결 시	네 ○○○-○○○○번으로 연결해 드리겠습니다. 혹시 끊어지면 ○○○-○○○○번으로 전화하시면 바로 통화 가능합니다.
담당자에게 연결	○○○님이시죠? ○○○씨에게서 걸려온 전화입니다. 연결해 드리겠습니다.
연결된 전화를 받을 경우	네, 전화 바꿨습니다. ○○○팀 ○○○입니다.
통화 중 메모	네, 죄송합니다만 ○○○씨가 통화 중입니다. 통화가 길어질 것 같은데 메모 남겨주시겠습니까?
부재 중 메모	지금 ○○○씨가 잠시 자리를 비웠습니다. 메모를 남겨주시면 제가 전달해 드리겠습니다.
잘 모르는 내용일 경우	죄송합니다만, 잠시만 기다려 주시겠습니까? 확인하고 바로 답변드리겠습니다. 기다려 주셔서 감사합니다. 문의하신 내용은….
확인 후 연락하는 경우	내용을 확인하는 데 다소 시간이 걸릴 것 같습니다. 연락처와 성함을 남겨주시면 내용을 확인한 후 ○○분 이내로 연락드리겠습니다.
종료인사	다른 궁금한 점은 없으십니까? 고맙습니다.
잘못 걸린 전화인 경우	여기는 ○○○-○○○○번입니다. 전화를 잘못 거셨습니다.

07 휴대전화 사용 매너

- 공공장소에서는 벨소리 대신 진동모드로 해둔다.
- 통화는 용건만 간단히 짧게 한다.
- 방문했거나 남의 집에 머무르면서 휴대전화를 사용하는 것은 매너에 어긋나 므로 사용을 자제한다.
- 상대에게 전화를 걸 경우 아침 9시 이전, 밤 9시 이후에는 가능한 한 하지 않 도록 한다.
- 휴대전화를 받으면서 먼저 "○○○입니다."라고 이름, 소속 등을 댄다.
- 문자 메시지를 보낼 때에는 주변 사람에게 소리가 들리지 않도록 유의한다.
- 상대와 대화 중에 다른 사람과 문자 메시지를 보내거나 채팅을 하지 않도록 한다.
- 공공장소에서는 휴대전화를 꺼둔다. 공연장, 극장, 상가 등에서는 쉬는 시간 을 통해 확인하도록 한다.

08 잘못된 전화응대

❶ 내 전화만 잘 받는 것
❷ 충실하지 못한 답변과 무성의한 응대
❸ 용건이 끝나자마자 바로 끊는 것
❹ 메모 대신 구두로 전달하는 것
❺ 양해 없이 오래 기다리게 하는 것
❻ 통화 중 양해 없이 옆사람과 대화하는 것

전화응대는 제1의 접점으로 중요한 역할을 차지하고 있다. 각 기업들에서는 고객 만족도 향상을 위해 다양한 노력을 실시하고 있는데, 그중 한 가지 방법으로 전화 모니터링을 실시하고 있다. 전화 모니터링을 하는 이유는 각 접점서비스 직원들의 표준 응대에 대한 점검 및 응대서비스의 현 수준 파악, 상품 또는 시스템에 대한 문제 개선 등 다양한 목적으로 실시하며, 모니터링을 통해 수집된 자료를 통해 평가, 개선, 교육의 목적으로 활용된다.

간혹 모니터링을 받게 되는 직원의 입장에서는 실시간 감시당한다는 느낌을 가지기도 하지만, 이는 전화 모니터링의 진정한 목적이 아니며, 전화 모니터링을 통해 더나은 서비스를 제공함을 주요 목적으로 한다.

전화 모니터링 실시는 외주 컨설팅 기관에 위탁하여 진행하는 방법 또는 각 기업에서 다양한 접근법으로 자체 평가를 실시하는 방법이 있다.

1 전화 모니터링 평가

전화 모니터링 평가에서 이루어지는 항목들을 토대로 자기 스스로에 대한 자기 평가, 일선 기업들의 현재 전화 응대를 평가해보자.

대분류	소분류	배점	전화응대 평가 항목	점수
신속성 (5점)	수신의 신속성	5	벨소리 3회 이내 수신(멜로디인 경우 8초 이내 수신)	5
			벨소리 7회 이내 수신(단, 4회 이후 수신 시 양해 멘트 실시 경우 5점)	3
			벨소리 10회 이상 수신(단, 4회 이후 수신 시 양해 멘트 실시 경우 5점)	1

대분류	소분류	배점	전화응대 평가 항목	점수
최초응대 (10점)	첫인사	10	정확한 발음으로 인사말+소속+성명 모두 명확하게 밝힌 경우	10
			인사말+소속+성명 중 1가지 항목 누락 또는 발음이 부정확하여 1가지 항목에서 전달이 미흡한 경우	6
			인사말 +소속+성명 중 1가지 항목 누락하고 발음이 부정확하여 1가지 항목에서 전달이 미흡한 경우	4
			인사말+소속+성명 중 2가지 이상 누락 또는 발음이 부정확하여 2가지 항목에서 전달이 미흡한 경우	1
전문성 연출 (25점)	음성	15	고객의 상황에 따른 감정 이입으로 친절하게 음성 연출이 이루어진 경우	15
			일부 구간에서만 감정 이입을 통한 음성 변화가 느껴지는 경우	8
			리듬감 없는 음성으로 형식적인 음성 연출이 이루어진 경우	3
			짜증섞인 음성으로 음성 연출에서 불친절하게 느껴진 경우	1
	언어 표현	10	친절하고 정중함이 느껴지는 언어 표현을 하는 경우	10
			부분적인 반토막말 및 지시형 단어 사용으로 친절함과 정중함이 다소 미흡한 경우, 또는 사물존칭 표현 사용	7
			반말어투 사용이 빈번하게 이루어지며 친절함과 정중함이 부족한 경우, 또는 사물존칭 표현이 과다한 경우	4
			반말 어투 사용이 빈번하며, 비속어 등의 표현을 사용하는 경우	1
설명력 (40점)	알기 쉬운 설명	15	고객특성에 맞게 알기 쉬운 설명과 부연설명으로 고객을 잘 이해시키는 경우	15
			탐색 질문을 사용하지 않거나 설명이 장황하게 길어진 경우, 또는 타부서 이관 전 사유 설명이 부족한 경우	10
			고객의 이해 정도를 확인하지 않고 일방적으로 설명이 이루어지는 경우	5
			고객의 눈높이에 맞지 않는 설명으로 고객을 이해시키지 못하는 경우	1
	적극성	15	고객의 문의 해결을 위해 주도적인 설명 또는 자발적인 정보 제공이 이루어지는 경우	15
			문의 내용에 대해서만 적극적으로 설명하며, 적절한 대안제시가 미흡한 경우	10
			고객의 문의 내용에 대해 단답형의 답변이 이루어진 경우	7
			소극적 태도로 응대하여 고객에게 이끌려가거나 대안제시가 없는 경우	4
			적극적으로 응대하려는 의지가 없는 경우	1

대분류	소분류	배점	전화응대 평가 항목	점수
설명력 (40점)	호응어	10	고객의 문의에 대한 적극적인 호응어 사용, 또는 대기안내 및 불만 접수의 상황에 따른 양해와 사과의 표현 사용이 이루어진 경우	10
			호응어 사용 미흡 또는 대기안내 멘트가 미흡하거나, 불만 접수 등의 상황에 따른 양해와 사과 멘트가 적절히 이루어지지 않는 경우	6
			고객의 문의에 대한 호응어 사용이 전혀 없거나, 대기안내 멘트가 전혀 이루어지지 않거나, 불만 접수 상황에서 무성의하고 형식적인 호응어 구사가 이루어진 경우	1
마무리 응대 (10점)	끝인사	5	상담내용에 맞는 끝인사 이행이 성의 있게 이루어진 경우	5
			끝인사 이행이 형식적으로 이루어진 경우	3
			끝인사를 누락하거나, 네~, 알겠습니다로 상담 종료하는 경우 또는 고객보다 먼저 끊은 경우	1
	연결 화법	5	'담당자명(담당부서) + 전화번호 + 연결하겠습니다'라고 연결 화법을 실시한 경우	5
			1가지 항목을 누락한 경우	4
			2가지 이상 누락한 경우	3
			양해 없이 바로 연결하거나 사전 설명 없이 '○○번으로 전화하세요' 하는 경우	1
만족도 (10점)	체감 만족도	10	1 2 3 4 5 6 7 8 9 10 매우불만족 불만족 보통 만족 매우만족	10
총 점		100		

2 전화 모니터링 피드백

전화 모니터링은 객관적인 관점에서 제대로 실시하는 것도 중요하지만, 이후 피드백을 실시하는 것이 더욱 중요하다. 각 접점 직원들이 저마다 가진 역량의 범위, 강점들이 차이가 날 수 있다. 신입, 경력의 차이, 각 개인의 성향에 따른 차이도 있을 것이며, 이러한 피드백의 시간을 통해 자신만의 강점과 약점을 분석하여, 강점을 더욱 강화하고 약점을 보완해나가는 전략을 취하여 개개인의 역량을 올릴 수 있다면 개인에 대한 발전 및 기업의 발전까지 함께 이루어낼 수 있을 것이다.

10 스크립트 작성 방법

    프로 서비스 직원의 경우 예상하지 못했던 질문이나 상황에 대해서도 당황하지 않고 차분하게 대화를 끌어나가는 것을 볼 수 있다. 신입 직원은 그 모습을 접하면서 나는 언제쯤 선배 직원처럼 응대할 수 있을까 하는 생각이 들 것이다. 프로와 신입의 차이는 근무를 하면서 서서히 좁혀질 수 있겠지만, 그 시간을 앞당길 수 있는 방법이 바로 스크립트 작성과 스크립트를 토대로 한 반복 훈련일 것이다.

    스크립트 작성의 경우 전화벨이 울리기 시작하는 순간부터 통화를 종료하는 순간까지의 사이클을 토대로 다양한 고객의 질문에 대해 사전에 예측하고 모범적인 응대 답변을 위주로 작성을 한다.

1 스크립트 작성 실습

아래의 제시한 상황을 토대로 스크립트 작성을 진행해보자.

전화응대 상황

- 고객은 ○○○홈쇼핑에서 현재 방송 중인 ○○브랜드 가을재킷을 구매하려고 한다.
- ○○○홈쇼핑 콜센터에서는 고객의 이름과 전화번호를 통해 고객 등록 여부를 확인할 수 있다.
- 고객의 주문사항은 현재 방송 중인 ○○브랜드 가을재킷 베이지 색상 66사이즈이며, 가격은 129,000원이다.
- 결제는 현금과 신용카드 모두 가능하며 고객은 온라인 입금을 희망한다.
- 스크립트 작성 시 고려해야 하는 주요 상황을 먼저 이야기해보자.

(1) 고객의 정보를 확인하는 상황

직원은 원활한 주문을 위해 고객의 이름과 전화번호를 물어봐야 한다. 고객의 개인정보를 물어볼 경우 직설적인 접근보다 "번거로우시겠지만", "괜찮으시다면" 등의 양해를 구하는 쿠션 화법을 함께 사용하는 것이 좋다. 또한 고객이 이름과 전화번호를 알려 줄 경우 다시 한번 재복창해 정확하게 메모할 수 있도록 한다.

(2) 상황에 따라서 다른 응대

고객의 이름과 전화번호를 확인하는 과정에서 고객이 이전에 ○○○홈쇼핑에서 주문한 이력이 있다면 고객의 배송정보지 등이 확인이 될 것이나, 신규 주문하는 고객이라면 새롭게 고객의 배송정보를 받아야 할 것이다.

그리고 재고가 있는 경우에는 고객의 주문사항에 대해 색상, 사이즈 등을 확인하고 결제 안내로 넘어가면 되지만, 주문 과정에서 빠르게 매진이 되는 경우가 있어 이런 경우에는 고객에게 먼저 양해를 구하며 배송 가능한 시기를 안내하고 결제 희망 여부를 확인하는 과정이 필요하다.

(3) 중요한 내용에 대해서는 반복 확인

고객이 주문한 제품에 대한 정보를 최종 결제 단계 전에 다시 한번 확인한다. 색상, 사이즈, 금액 등 주문과정에서 발생할 수 있는 실수를 사전에 서로 반복하며 확인하는 과정에서 업무에서의 실수를 사전에 방지할 수 있다.

그리고 전화를 종료하기 전에 추가 문의사항이나 다른 구매희망 사항이 없는지 물어보는 것도 좋은 응대이다.

(4) 스크립트 작성 시 활용하면 좋을 표현

전화응대 역시 사람과의 만남으로 고객과의 대화를 원활하게 하기 위해 상황에 맞는 표현들을 적극 활용하면 좋을 것이다.

요일, 날씨, 계절 등 상황에 맞는 표현들을 스크립트 작성에서도 활용해보자.

예 습도가 높은 날씨인데요, 더운 여름 시원하고 즐겁게 보내시기 바랍니다.

한 주가 시작되는 월요일입니다. 행복한 한 주 되시기 바랍니다.

기분 좋은 금요일 저녁입니다. 즐거운 주말 보내시기 바랍니다.

(5) 표준 스크립트안 작성 실습

앞서 제시한 상황과 주의해야 할 상황과 반영하면 좋을 표현들을 적용하여 실전 대비 스크립트 작성을 해보자.

〈 스크립트 작성 실습 〉	
〈첫인사 멘트〉	
〈고객정보 확인〉	
〈등록이 되어 있는 경우〉	〈등록이 되어 있지 않은 경우〉
〈재고 있음〉	〈재고 없음〉
〈색상, 사이즈 확인〉	
〈결제 수단 안내 (현금, 카드)〉	
〈온라인 입금 계좌 안내〉	
〈추가 문의 확인 및 종료 인사〉	

작성한 내용과 함께 아래에 제시한 예시안을 비교해보자.

〈 스크립트 예시안 〉

〈첫인사 멘트〉
• 안녕하십니까? ○○○홈쇼핑 상담원 ○○○입니다. 무엇을 도와드릴까요?

〈고객정보 확인〉
• 감사합니다. 주문을 도와드리기 위해 고객님의 성함과 전화번호를 말씀해 주시겠습니까?

〈등록이 되어 있는 경우〉	〈등록이 되어 있지 않은 경우〉
• 확인해주셔서 감사합니다. 주문받기 전에 고객님의 제품 배송받을 주소를 먼저 말씀해주시겠습니까? • ○○브랜드 가을재킷 주문하시는 것이 맞으십니까? 희망하시는 색상과 사이즈 말씀해주시겠습니까? • 잠시만 기다려 주시면 재고가 있는지 확인해 보겠습니다.	• 감사합니다. 확인해보니 현재 고객님의 전화번호가 확인되지 않고 있습니다. 저희 ○○○홈쇼핑 처음 이용이십니까? 성함과 배송 주소 말씀해주시면 등록해드리겠습니다.
〈재고 있음〉	〈재고 없음〉
예, ○○브랜드 가을재킷 현재 재고가 있습니다. 주문해 드릴까요?	• 죄송합니다만, 현재 고객님께서 원하시는 ○○브랜드 가을재킷의 인기가 많아 현재 재고가 남아있지 않습니다. ○일 후 상품이 도착되는데 미리 주문하시면 조금 더 빨리 재킷을 받아 보실 수 있습니다. 주문 괜찮으십니까?

〈색상, 사이즈 확인〉
• 예, 감사합니다. 고객님이 주문 희망하시는 색상과 사이즈 말씀 부탁드립니다.
• 고객님께서 주문하신 상품은 ○○브랜드 가을재킷 베이지 색상 66사이즈, 가격은 129,000원입니다. 맞으십니까? 추가로 더 구입하실 상품은 없으신가요?

〈결제 수단 안내 (현금, 카드)〉
• 예, 감사합니다. 대금 결제는 카드 결제 또는 온라인 입금 두 가지 방법으로 진행 가능합니다. 어떤 것이 더 편리하십니까?

〈온라인 입금 계좌 안내〉
• 온라인 결제를 원하신다면 입금하실 계좌번호를 안내해 드리겠습니다. 메모 가능하십니까? ○○은행 ○○○-○○○-○○○○입니다.

〈추가 문의 확인 및 종료 인사〉
• 감사합니다. 고객님, 혹시 추가로 더 필요하신 상품이나 궁금하신 사항이 있으십니까? 고객님께서 말씀해 주신 주소로 늦어도 ○일 이내에 상품이 도착할 예정입니다. 저는 ○○○홈쇼핑 상담원 ○○○이었습니다. 행복한 주말 되세요.

(6) 최종 점검 및 리허설

스크립트 작성 후 잘 작성된 응대안인지 재검토해보자. 제시된 상황에 따른 내용들이 적절히 구성되었는지, 안내한 정보들은 정확하며 알맞은 대화체를 사용하였는지, 중요한 사항에 대해서는 재확인, 복창하고 고객이 궁금해 하는 사항이나 추가 문의 사항 여부에 대해 적극적으로 물어보았는지 최종 점검해본다.

최종 완성된 스크립트를 토대로 동료와 한 명은 고객, 한 명은 직원이 되어 실전 상황처럼 전화응대를 해보도록 하자.

요약

① 전화는 직접대화보다 음성톤이 더 중요하게 작용한다.
② 전화응대의 3요소는 친절, 신속, 정확이다.
③ 전화기 옆에 항상 메모지와 필기구를 준비해 놓는다.
④ 전화벨이 2~3회 울릴 때 신속하게 왼손으로 수화기를 들어 받는다.
⑤ 벨이 3회 이상 울린 후 받을 경우에는 "늦게 받아 죄송합니다." 하고 사과의 인사말을 먼저 실시한다.
⑥ 인사말과 함께 소속과 성명을 밝힌다.
⑦ 고객과의 통화에 경청하며 성실히 응답한다.
⑧ 늦은 밤, 이른 아침, 식사시간은 가급적 피하도록 한다.
⑨ 연결할 사람이 부재 중인 경우에는 메모를 작성해 전달한다.
⑩ 고객이 끊은 것을 확인한 후 뒤에 끊는다.

1. 친절한 전화응대 사례(개인사례 or 기업사례)를 수집하여 공유하여 보자.

2. 불친절한 전화응대 사례(개인사례 or 기업사례)를 수집하여 공유하여 보자.

3. 사례들이 주는 중요한 메시지는 무엇인가? (개인 측면 or 기업 측면)

고객서비스실무

파트너와 짝을 이루어 한 명은 고객, 한 명은 응대자가 되어 다음에 주어지는 상황에 따라 실전과 같은 태도로 전화응대해 보자.

1. 고객의 연령은 80대로 추측이 되며, 사투리가 심하고 속삭이는 목소리라 알아듣기가 어렵다. 간신히 알아들어 대답을 하면 고객은 다시 한번 말해주길 재차 반복하는 상황이다.

2. 담당자가 자리를 비운 상태에서 담당 업무가 아니라 바로 답변해 줄 수가 없다. 고객이 다시 전화를 걸 수 없는 상황이라 바로 답변해 주기를 원하고 있다.

Chapter

08

불만고객 응대

CUSTOMER

SERVICE

Chapter

08 CUSTOMER

불만고객 응대

이 장을 읽기 전 아래의 문항에 답해 보시오.

1. 나는 불만을 공감하며 잘 들어주는 편이다.
    1   2   3   4   5
   (전혀 그렇지 않다)   (매우 그렇다)

2. 나는 불만 상황이 발생했을 때 적극적으로 해결해주려 한다.
    1   2   3   4   5
   (전혀 그렇지 않다)   (매우 그렇다)

3. 나는 스스로에 대한 감정조절능력을 가지고 있다.
    1   2   3   4   5
   (전혀 그렇지 않다)   (매우 그렇다)

01 클레임(claim)과 컴플레인(complain)

클레임과 컴플레인의 공통점은 고객이 무언가에 대해 만족하지 못한 상태로, 고객이 불만을 표현하는 원인에 따라 클레임과 컴플레인으로 구분할 수 있다. 컴플레인의 경우, 고객의 주관적인 평가로 식당에서 음식 맛에 대한 불만족이나 직원의 태도가 불친절하다거나 서비스에 대한 불평을 표현하는 것으로 즉시의 행동 또는 자체 내부의 조치에 의해 해결될 수 있는 것이다. 그러나 클레임은 객관적인 평가로 식당에서 음식에 이물질이 나왔다거나 주문한지 오랜 시간이 지났거나 주문한 메뉴와 전혀 다른 음식이 나오는 등으로 고객의 문제 제기에 해결책 제시 및 나아가서는 보상을 해야 할 경우를 뜻한다. 앞의 두 가지 문제를 해결하기 위해서는 무엇보다 고객의 정확한 요구상태를 파악해야 할 것이다. 불만을 제기한 고객이 원하는 것은 매우 간단한 것일 수 있는데도 이러한 문제를 제대로 처리하지 못함으로 해서 상황이 걷잡을 수 없이 커지는 경우가 발생하기도 한다. 기업에서는 이러한 분쟁절차를 조정하기 위한 제도 마련뿐만 아니라 접점서비스 직원들에게 응대 지침과 훈련 등의 노력을 기울이고 있다.

02 고객 불만 발생의 주요 원인

지난 25년간 한국소비자원에 접수된 불만 건수는 1987년에 8,063건이었던 것이 2011년에는 778,000건으로 96배 이상 증가한 걸로 보고가 되었다.

고객의 불만이 발생하는 주요 원인을 살펴보면 나날이 높아져가는 고객의 기대에 제공된 서비스 결과가 고객의 기대치에 미치지 못해 많이 발생이 되고 있다.

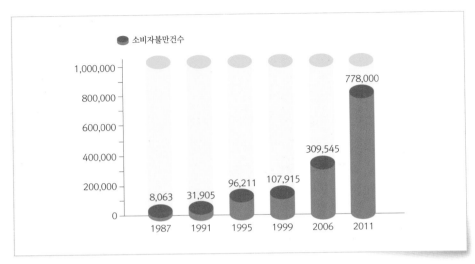

자료 : 한국소비자원(2011).『2011 소비자 피해구제 연보 및 사례집』

　　고객의 불만 발생 원인을 분류해보면 크게 회사 문제, 고객 자신의 문제, 직원 문제로 나누어 볼 수 있다. 이 중 고객 불만이 발생되게 되는 가장 큰 원인은 직원들의 고객응대 과정에서 비롯되는 것으로 조사되었다. 즉, 직원의 응대가 불친절하거나, 규정만 내세우는 안내, 업무처리 미숙, 타 부서로 책임회피로 인한 불만이 전체 대비 65%로 가장 많이 발생되는 것으로 나타났다. 그러나 직원들에게 세 가지 문제 중 어떠한 문제가 많이 발생되느냐고 질문하면 회사 문제 또는 직원 문제로 대답하는 경우를 많이 볼 수 있다. 실제 통계에 따르면 회사 문제보다 직원 문제가 더 많이 발생함을 알 수가 있다. 왜 이런 결과가 나오게 되었는지 자세히 살펴보니 처음에 시작된 고객의 불만은 회사 문제 또는 고객 자신의 문제였으나 응대하는 과정에서 직원의 불친절한 응대로 인해 직원 문제로 전가되는 경우를 종종 볼 수 있다. 고객은 처음에 제기했던 회사에 대한 불만은 잊어버린채 직원에 대한 불만만 남게 되는 것이다. 우리는 회사에 대한 불만까지 직원에게 넘기게 해서는 안 된다.

03 불만고객의 가치

1 기업 측면

불만고객이 기업에 미치는 영향과 관련해서 대표적인 사례는 도시바 사건을 들 수 있겠다. 1999년 9월 전자제품으로 유명했던 도시바의 원산지인 일본에서 발생했던 일로, 도시바의 신형 비디오를 구입하여 사용하던 고객이 A/S와 관련해서 본사 직원과 어렵사리 통화가 되어 자신의 상황을 설명하게 되었다. 그런데 이 과정에서 직원은 고객을 상습 불평꾼이라 몰아세우며 상담과정에서 고객에게 폭언을 하며 무례한 응대를 지속했다. 마음이 상한 고객은 녹취된 파일을 인터넷에 올리게 되고 해당 글과 음성파일을 접한 네티즌들에 의해 급속도로 이 사건은 퍼져나가게 된다. 그러나 이 사건은 인터넷에 퍼지고 난 이후에 도시바 측에서의 처리 태도 때문에 더욱 큰 문제로 번지게 된다. 최초에 도시바 측에서는 이 문제에 대해 적극적으로 대처하기보다 한 직원의 응대 잘못으로 회피와 변명을 함으로써 소비자들의 분노를 사게

도시바 사례

되고 이것이 도시바 불매운동으로까지 번지기 시작하자 다급히 사과하기에 이른다. 직원 한 명의 실수로 가볍게 넘기려고 한 것이 오히려 사건을 더욱 확대시키게 되었던 것이다. 고객은 단순히 한 명의 직원으로 보는 것이 아니라 기업 전체로 확장하여 인식하기 때문에 사소한 것이라도 고객의 입장에서 납득할 수 있도록 신속, 만족스럽게 응대함으로써 고객과 기업 간에 신뢰를 형성해 나가는 것이 중요할 것이다.

미국의 와튼 스쿨이 캐나다 컨설팅업체인 베르데 그룹과 2006년 크리스마스를 전후하여 쇼핑을 한 미국 소비자 1,186명을 대상으로 공동 조사가 이뤄졌다. 이 연구보고서에 따르면 쇼핑에 불만을 느낀 소비자 가운데 직접 가게에 항의하는 고객은 6%에 불과하며, 불만을 느낀 고객은 대신 평균 3명에게 험담을 늘어놓고, 그 결과 100명이 불만을 느꼈을 경우 32명에서 36명의 고객을 잃는 것으로 조사되었다.

비슷한 연구결과가 1984년 미국의 U.S Office of Consumer Affairs에서 1975년에서 1979년, 5년 동안을 역추적하여 Consumer Complaint Handling in America란 이름으로 고객 불만의 확산경로가 발표되었다. 이 보고서에 나타난 수치의 결과를 보면 첫째, 불만고객 중 아주 소수만이 불평을 하며 대다수의 불만고객은 기존 거래처를 이탈하여 조용히 다른 금융기관으로 거래관계를 옮긴다는 것이다. 즉, 불만을 가진 고객 27명의 고객 중 단 1명4%만이 자신의 노력을 들여 직원들

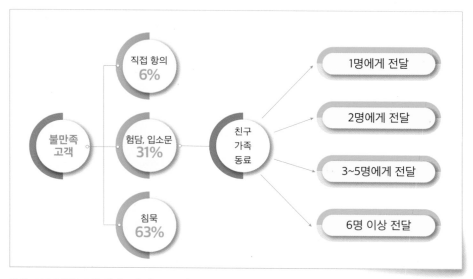

출처: 2006 와튼 스쿨 불만고객 연구보고서

에게 불만을 토로하는 행위를 했고 나머지 26명96%은 불평을 한마디도 안하고 거래를 중지한다는 것을 나타내고 있다.

두 번째는 이탈 고객에 의한 부정적인 구전 효과가 심각하다는 점이다. 고객이 불만족스러운 상태에서 우리 곁을 떠나게 되면 평균적으로 9~10명의 주변 사람들에게 부정적인 구전을 전하며, 그중 13%는 무려 20명 이상의 예비고객들에게 부정적인 영향을 미친다는 것이다.

반면에 세 번째로 불만을 우리에게 토로했던 고객에게 신속한 대응을 통해 해결을 해주게 되면 긍정적인 구전 효과가 매우 크다는 것을 보여준다. 맥킨지 컨설팅의 연구결과 불만고객의 재구매 의향률을 보면 명확해진다.

- 불만사항이 있지만 표현하지 않는 고객   9%
- 불만해결 결과와는 상관없이 불만을 표현한 고객   19%
- 불만을 표현하고, 문제가 잘 해결된 고객   54%
- 불만을 표현하고, 문제가 신속히 잘 해결된 고객   82%

여기서 우리가 의미있게 보아야 할 것은 먼저 두 번째 항목으로 해결 결과와는 상관없이 단지 불만만 표현해도 고객의 재구매율은 그렇지 못할 경우에 비해 무려 2배19%로 증대한다는 것이라는 점이다. 그리고 네 번째 항목에서 문제가 신속하게 잘 해결될 때 재구매율 의향률이 일반적으로 잘 해결된 경우에 비해 무려 28%가 높은 82%에 육박한다는 사실이다. 이는 불만족스러운 고객을 만나서 상담할 때 신속하게 대처하는 것이 얼마나 중요한지를 단적으로 보여주는 사례이다.

이렇게 불만을 표현하는 고객은 그렇지 않은 고객보다도 상대적으로 회사의 발전과 경쟁력 향상에 없어서는 안 될 중요한 고객이라고 할 수 있다. 고객 불만을 해결하는 과정에서 회사는 문제점과 취약점을 개선할 수 있는 기회를 얻을 수 있기 때문이다. 요즘 기업들은 스스로의 문제점을 점검하기 위해 돈을 들여가며 컨설팅을 받을 만큼 기업환경 개선을 위한 노력을 아끼지 않고 있다. 이런 상황에서 우리의 문제를 돈도 받지 않고 알려주는 고객들이 있으니 어찌 고맙지 않겠는가!

존 구드만의 법칙

"고객이 평소에 아무런 문제를 느끼지 못한 상황에서는 일반적으로 10% 정도의 재방문율을 보이지만, 만약 불만사항을 말하러 온 손님에게 진지하게 대응했을 경우 고객의 65%가 다시 이용하러 온다."고 정의하고 있다.

IN Practice

현대해상, 불만고객을 명예사원으로 위촉

고객의 불만소리를 경영자원화해 서비스 개선을 위한 아이디어 뱅크로 활용하는 기업이 있다.

현대해상대표이사 서태창은 지난 1년간 VOCVoice of Customer, 고객의 소리 시스템을 통해 접수된 고객의 불만 사례를 분석해 총 27가지의 서비스 개선사항을 발굴하고, 불만과 의견을 제공한 고객 중에서 30명을 선발해 명예사원으로 위촉했다.

29일 현대해상 서울 광화문 본사에서 강북지역본부 관할의 명예사원 5명에게 CCOChief Customer Officer 이성재 상무와 지역본부장인 김갑수 상무가 직접 명예사원증과 순금 1돈으로 제작된 순금명함패를 수여하는 등 전국 각 지역본부별로 'Thanks-VOC 명예사원' 위촉식을 가졌다.

이날 위촉된 명예사원들은 앞으로 1년간 현대해상 모니터로 활동, 각종 서비스를 우선적으로 체험한 후 실제 고객의 입장에서 서비스 이용 만족도를 평가하고 개선 방향에 대한 의견을 제시한다.

현대해상 CCO 이성재 상무는 "Thanks-VOC 명예사원은 불만고객의 소리를 감추는 것이 아니라 오히려 그들의 목소리를 더 키워 소중한 경영자원으로 활용하고 차별화된 고객서비스를 제공하고자 만든 제도"라며 "고객의 의견을 더욱 경청하는 기업문화를 조성하고 불만 속에 숨어 있는 서비스 개선의 실마리를 찾기 위해 더욱 노력할 것"이라고 말했다.

출처: 2011.09.29일자 세계파이낸스

2 직원 측면

불만고객을 좋은 기분으로 선뜻 응대하고 싶은 사람은 없을 것이다. 분노의 감정을 가지고 있는 사람과의 대화는 힘이 들 수밖에 없어 피할 수만 있다면 피하고 싶은 것이 인지상정일 것이다. 그러나 서비스 현장에서 불만고객은 피할 수 없는 존재이자, 반드시 필요한 존재이기도 하며, 고객의 기대치가 높아져 가는 이상 늘어날 수밖에 없는 존재이다. 이러한 불만고객 응대를 직원 입장에서 두 가지로 풀이해 볼 수 있겠다.

첫째로는 자기개발욕구 실현이 있을 것이다. 매슬로우의 욕구 5단계에서 살펴보면 사람의 단계 중 가장 최고위 단계는 자아실현의 욕구로 사람들은 회사에서 직업 비전을 중요시한다. 처음에는 쉽고 아무나 할 수 있는 일을 원했다가도 시간이 지나 업무를 원활하게 하고 있을 시기부터는 과연 내가 발전하고 있는가를 중요하게 생각하는 것이다. 불만고객 응대는 서비스 응대의 마지막 단계라고도 볼 수 있는데, 이러한 문제를 잘 해결했을 때 일반적인 응대에서 느끼지 못한 보람을 갖게 될 것이며, 서비스 직업을 가진 사람으로서의 궁극적 가치를 충족시켜 주는 것이다. 두 번째로는 어려운 불만고객 응대를 효과적으로 잘 해결해낸다면 전문가로서 회사에서 나의 존재가치와 능력을 인정받을 수 있을 것이다.

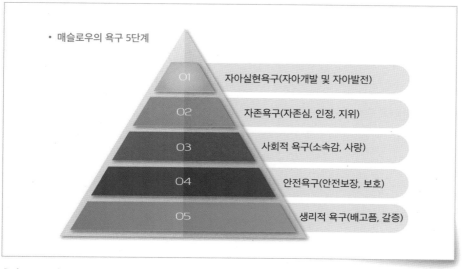

출처: 2006 와튼 스쿨 불만고객 연구보고서

04 불만고객의 감정단계 이해

불만고객을 이해하지 않고는 불만고객의 응대법을 논할 수 없다. 고객을 대상으로 무조건 인내하고 참는 것보다 불만이 생겼을 때 고객의 심리변화가 어떻게 변화하는지에 대해 이해한다면 훨씬 능동적으로 대처할 수 있을 것이다.

불만고객은 분노·타협·부정·수용의 4단계 과정을 거치게 된다. 각 단계의 흐름을 구체적으로 살펴보자.

❀ 1단계 분노

불만을 가진 고객은 사무실을 찾아오거나 전화로 항의하는 경우 일의 경위를 떠나서 우선 분노부터 표현한다.

"당신네들 이러면 안 되는 거야.", "거기서 제일 높은 사람 바꿔!", "당신들 하는 일이 도대체 뭐야." 등이 주로 하는 말이다.

보통 항의의 첫 단계로 불만고객들은 자신이 화가 나 있다는 사실을 알리고 선전포고를 하는 것이다.

❀ 2단계 타협

분노의 다음 단계는 타협의 단계이다. 분노로 자신의 감정을 표현한 후에는 "왜 나에게는 미리 알려주지 않았는지", "왜 가격이 사전 예고도 없이 인상되었는지"와 같은 현실적인 문제로 들어서게 된다.

주로 '나는 특별한 예외에 해당되니 나에게만큼은 이전 가격으로 해달라', '나는 이때까지 이 가격으로 계속 구매를 해왔으니 종전 가격으로 해달라', '미리 알려주지 않았으니 오늘은 원래대로 해달라'는 항의와 하소연이 섞인 이야기들이 나오게 되는 과정이다.

❀ 3단계 부정

타협을 거쳐 문제가 원만하게 해결된다면 그만큼 좋은 일은 없겠지만 불만고객은 불만을 낳은 문제가 자신의 의도대로 해결되지 않으면 만족하지 못하는 경우가 많다. 이렇게 타협의 과정에서 만족하지 못한 고객들은 다른 길이 없음을 인식하고는 전체적인 부정의 단계로 들어가게 된다.

"이러니까 우리나라 사람들이 욕을 들어먹는 거야. 나라가 확 뒤집어지든지 내가 이민을 가든지 해야지……."

"고객의 소리는 전혀 들으려하지도 않는구만. 하여튼 전부 썩었어."

"세상에 이런 법이 어디 있어. 내가 원래 하던 대로 하겠다는데 왜 난리야. 다 필요 없어. 니들 맘대로 해!"

이 부정단계에서 고객은 다시 화를 내는 것 같이 보인다. 하지만 이때의 화는 타협방법이 없다는 사실에 대한 '절망'에 가깝다. 절망한 사람에게 필요한 것이 무엇인지 깊이 생각해 본다면 겉으로 드러나는 말이나 태도를 넘어 고객의 마음을 진정으로 이해할 수 있을 것이다.

✿ 4단계 수용

전체적인 부정으로까지 확대되었던 고객의 불만이 우리가 투자한 많은 시간과 성실한 태도를 통해 수용의 단계로 접어들게 된다.

"앞으로 지켜볼 테니 잘 하시오."

"모르겠소. 마음대로 하시오. 나는 앞으로 당신들이 하는 일에는 신경 끄고 살 테니까."

불만고객에 대한 감정단계를 살펴보았지만 이러한 감정변화 과정은 모든 고객들에게서 똑같이 발견되는 것은 아니다. 대체로 불만을 가진 고객들의 경우 이러한 과정을 밟고 있다는 것을 말한 것이다.

1단계부터 시작해 3단계를 거쳐 최종 4단계가 와서야 해결이 잘되어 불만이 해결되고 고객이 긍정적으로 수용하는 경우도 있지만 대부분은 그렇지 못하다. 불만이 완전히 해소되지 않았기에 고객은 소극적인 수용을 하게 된다. 소극적인 수용이란 다른 방법이 없으므로 어쩔 수 없이 수용한다는 의미이다.

직원 입장에서 이 불만 심리 과정을 이해하고 우선 분노 단계에서 잘 처리해낼 수 있어야 할 것이다. 심리학에서 분노는 자아가치의 보존, 욕구보존, 신념보존이 훼손되었을 때 나타나는 정서라 말한다. 자존심이 손상되었을 때 강하게 나타나는 사람의 감정이란 뜻인데, 분노 단계에서 고객은 반드시 직원과 대화를 원하게 되어 있다. 불만고객은 불만상황의 객관적 사실에 초점을 맞춰 체계적으로 사고하는 것이 아니라, 그런 상황이 벌어진 시점에서 나 자신에 대한 자존심을 상대방이 공격했다는 감정이 먼저 있기 때문에 이성적이기보다는 감정적이다. 그 자존심이 지켜졌을 때 이성적인 사고가 가능하면서 개선에 대한 해결책을 원하게 되는 것이다. 직원이 불만고객 욕구의 흐름을 제대로 알고 있어야 서로 감정적으로 더 다치지 않고 신속하게 마무리할 수 있는 것이다.

 05 불만고객의 니즈

- 잘못된 부분에 대한 정확한 설명
- 사과
- 적절한 보상
- 문제의 개선
- 정당한 불만을 가지고 있다는 것에 대한 인정

06 불만고객 응대 기본원칙

불만고객 응대를 하기에 앞서 기본원칙을 이해한다면 좀 더 불만을 쉽게 해결할 수 있을 것이다. 불만고객을 응대하는 기본 5가지 자세를 살펴보자.

1 피뢰침의 원칙

화를 내는 고객을 응대하다 보면 그 감정은 어느새 전이가 되어 고객응대를 하던 직원이 같이 화를 내고 싸우는 경우를 종종 볼 수 있다. 직원의 입장에서 생각하면 때때로 얼마나 화가 났으면 맞대응을 할까 하는 생각도 들지만 한 번만 더 참았으면 더욱 좋은 서비스가 되었을텐데 하는 생각이 들기도 한다. 서로 흥분한 모습이 보기 싫기 때문이 아니라 그로 인해 두 사람의 소중한 하루가 얼룩지는 것이 안타깝기 때문이다. 고객의 불합리한 분노로 인해 내 감정을 조절할 수 없다고 느껴질 때 필요한 생각이 바로 피뢰침의 원칙이다. 고객은 나에게 개인적인 감정이 있어서 화를 내는 것이 아니라 일처리에 대한 불만으로 복잡한 규정과 제도에 대해 항의하는 것이다. 이것을 명확히 알아야 한다. 고객이 화를 내고 거친 언어를 사용한다고 해서 그것이 나를 향한 것이라고 생각해 버린다면 누구든지 감정적인 동요를 일으킬 수밖에 없다. 내가 아닌 회사나 제도에 항의하는 것이라는 생각을 가져야 고객의 심한 분노의 표현으로부터 자유로울 수 있다.

건물에 있는 피뢰침은 번개를 직접 맞지만 자신은 상처를 입지 않을 뿐 아니라 건물까지도 아무런 상처가 없도록 번개를 땅으로 흘려보낸다. 불만고객의 상담자도 피뢰침과 같이 직접 불만 섞인 다양한 고객들을 맞이하여 회사나 제도에 반영한 후 본인 또한 상처받지 않고 땅속으로 흘려보내야 할 것이다.

2 책임공감의 원칙

고객의 비난과 불만이 나를 향한 것이 아니라고 하여 고객의 불만족에 대해서 책임이 전혀 없다는 말은 아니다. 우리는 조직구성원의 일원으로서 내가 한 행동의 결과이든 다른 사람의 일처리 결과이든 고객의 불만족에 대한 책임을 같이 져야만 한다. 간혹 공공기관에 전화를 해보면 자신의 일이 아니라고 하여 담당자를 바꾸겠다며 몇 번씩 전화를 돌리고서는 한참 후에야 지금 자리에 없다면서 나중에 다시 전화하라고 하는 경우가 있다.

의사소통이 활발하고 유기적인 협조가 이루어지는 조직은 담당자가 없어도 옆자리의 동료들이 자신의 일보다 더 친절하고 깔끔하게 일처리를 해 준다. 혹시 부족한 것이 있으면 다시 전화를 드리겠다는 인사와 함께 말이다. 고객에게는 누가 담당자인지가 중요한 것이 아니라 자신의 문제를 해결해 줄 것인지 아닌지가 중요하다. 고객의 불만이 나를 대상으로 하는 것이 아니라고 해서 책임이 없다고 한다면 나는 무엇 때문에 이 자리에 앉아 있는가를 한 번 잘 생각해 보아야만 할 것이다.

3 감정통제의 원칙

사람은 감정의 동물이라고 한다. 전화통화가 길어지거나 거친 고객들을 만나다 보면 자신도 모르게 자신의 감정을 드러내는 경우가 발생하게 된다. 인간은 너무나도 여린 동물이어서 남에게 부담을 주는 말을 하거나 상대방이 자신의 잘못을 지적하기라도 하면 가슴이 두근거리고 얼굴이 붉게 물들고 만다. 사람마다 차이는 있지만 인간관계에서 오는 부담감으로부터 자유로울 수 있는 사람은 없다. 하지만 우리는 사람을 상대하는 것을 직업으로 가지고 있다. 직업이라는 것은 생계의 수단이자 자기 자신을 실현할 수 있는 방법이다. 사람을 만나고 의사소통하고 결정하고 행동하는 것이 직업이라면 사람과의 만남에서 오는 부담감을 극복하고 자신의 감정까지도 통제할 수 있어야 한다. 프로와 아마추어의 차이는 그것을 통제할 수 있느냐 없느냐의 차이일 것이다. 자신을 잃지 않고 끝까지 감정을 지켜나가는 사람은 최후의 승리자가 될 것이며, 그렇지 않고 잠시나마 감정의 끈을 풀어놓은 사람은 어느 순간 타인에게 끌려가게 된다.

4 언어절제의 원칙

고객상담에 있어서 말을 많이 하는 것은 금기다. 고객보다 말을 많이 하는 경우

고객의 입장보다는 자신의 입장을 먼저 생각하게 되기 때문이다. 말을 많이 한다고 해서 나의 마음이 고객에게 올바로 전달되는 것은 아니다. 오히려 그 반대로 고객의 말을 많이 들어주는 것이 고객의 문제를 빨리 해결할 수 있다. 세계적으로 유명한 정신과 의사들의 공통된 말은 "나는 환자들이 하는 말들을 진심으로 이해하려고 애쓰며 들어준 것밖에는 없다."라는 것이었다. 상대방에게 말을 많이 하고 나 자신을 표현할 때 스트레스가 풀리는지, 아니면 상대방의 이야기를 계속 듣고만 있을 때 스트레스가 풀리는지를 생각해 보자. 당연히 상대방에게 자신을 표현할 때 스트레스가 풀리게 된다. 이것은 배설의 원리 중 하나로, 자신의 묵은 감정의 응어리들을 터뜨려 배설하는 것이야말로 자신의 건강한 감정을 되살리는 길이 된다. 다른 사람의 말을 많이 들어주는 사람들이 인간관계가 좋은 이유가 이것 때문이다. 우리는 지식과 경험을 바탕으로 상황을 미리 짐작해서 말하곤 한다. 우리는 이것을 경험에서 오는 자신의 노하우와 능력이라고 생각하지만, 고객의 입장에서는 자신의 마음을 풀어놓을 수 있는 기회를 놓쳐 버리게 되어 오히려 불만만 축적시키는 결과가 된다.

5 역지사지의 원칙

우리가 역지사지의 원칙을 견지해야 하는 이유는 두 가지 때문이다. 첫 번째는 고객상담의 과정에서 누차 밝혔듯이 누구도 그 사람의 입장이 되어 보지 않고서는 그의 마음을 알 수 없기 때문이다. 고객을 이해하기 위해서는 반드시 그의 입장에서 문제를 바라봐야 한다. 고객은 우리의 규정을 보지도 못했고, 그 규정의 합리적 존재이유에 대해서 알지도 못하거니와 업무가 처리되는 절차에는 더더욱 관심이 없다. 그런데 우리는 고객이 마치 우리의 업무 프로세서나 규정들을 모두 알고 있다는 듯이 상담하는 오류를 범하고 있다. 이런 착각은 의외로 큰 영향을 미치는데 직원들이 전문용어를 많이 사용하거나, '안 됩니다'라고 딱 잘라 말하는 경우 등이 모두 여기에서 기인한다.

두 번째 이유는 우리가 우리에게 관심을 가져주는 사람에게 관심을 갖듯이 고객 또한 자신에게 관심을 가져주는 사람에게 호감을 갖기 때문이다. 고객에게 관심을 보여야만 우리의 말과 설명이 고객에게 제대로 전달되어 마음으로 이해해 줄 수 있다. 그렇지 않으면 아무리 합리적인 이유를 말하고 훌륭한 미사여구를 사용한다 할 지라도 고객은 결코 자신의 의견을 굽히지 않을 것이다. 설사 고객에게 잘못이 있다 하더라도 직원의 역할은 고객들에게 책임을 묻는 것이 아니라는 점을 알아야 한다. 게다가 고객이 정확하게 이해하고 있는지를 다시 한번 물어보고 확인시켜 주는 작 업을 하지 않았을 경우 그에 대한 우리의 책임도 있을 것이며, 궁극적으로는 고객이 문제를 잘 해결하도록 돕는 것이 우리의 맡은 바 직무임을 기억해야만 한다.

결국 불만고객 응대의 5가지 원칙의 핵심은 나는 사람을 만나고 있다는 사실을 시종일관 잊지 말자는 것이다.

07 고객을 화나게 하는 7가지 태도

무관심	내 소관, 내 책임이 아니며 나와는 상관이 없다는 태도로서, 고객에 대한 책임감과 조직에 대한 소속감이 없는 직원의 경우에 나타나는 태도이다.
무시	고객의 불만을 못들은 체 하거나 별 것 아니라는 식, 그까짓 걸 가지고 그러느냐 라는 식으로 대하는 태도이다. 상대의 입장에서 문제를 바라보라.
냉담	고객을 귀찮고 성가신 존재로 취급하여 차갑고 퉁명스럽게 대하는 태도이다. 고객 은 우리가 존재할 수 있게 하는 가장 소중한 존재이다.
거만	고객을 무지하고 어리숙하게 보거나 투정을 부린다는 식으로 대하는 태도로서 의 사 등 전문가들 사이에 많이 나타나는 태도이다. 나보다 더 잘할 수 있으면 나에게 말하지도 않을 것이다.
경직화	마음을 담지 않고 인사나 응대, 답변 등이 기계적이고 반복적으로 고객을 대하는 태도를 말한다. 고객은 로봇을 상대하고 싶어하지 않을 것이다.
규정제일	항상 회사의 규정만을 내세우며 고객에게 준수하도록 강요하거나, 자기는 규정대 로 한다는 식의 태도를 말한다. 우리 회사 규정을 왜 고객이 준수해야 하는가?
발뺌	자기의 업무영역, 책임한계만을 말하며 처리를 타 부문에 떠넘기는 태도를 말한다. 고객은 회사의 관리자나 담당자가 아니다.

08 효과적인 불만고객 응대방법

1 불만고객 응대 7단계

1단계 : 사과_{먼저 사과한다} → 2단계 : 경청_{고객의 불만사유를 듣는다} → 3단계 : 원인파악_{불만의} 원인이 무엇인지 파악한다 → 4단계 : 대책강구_{고객의 입장에서 대책을 강구한다} → 5단계 : 방법제시_처 리방법을 안내한다 → 6단계 : 실행_{즉각 실행한다} → 7단계 : 감사표현_{문제해결이 되었는지 고객에게 확인} 하고 감사표현을 한다.

 IN Practice

오늘까지 처리해주기로 했으나 아무 연락이 없어 기다리다 화가 난 고객의 케이스를 1단계에서 7단계의 단계에 맞게 응대해보자.

1단계	사과	
2단계	경청	
3단계	원인파악	
4단계	대책강구	
5단계	방법제시	
6단계	실행	
7단계	감사 마무리	

2 회사문제와 고객문제 처리방법

우리 회사의 잘못인 경우에는 최초의 응대가 중요하다. 처음부터 불만사항을 제대로 접수하여 처리하면 큰 문제 없이 해결되기도 하나, 초기의 대응이 적절하지 못하다면 고객의 화를 돋우게 될 것이다. 그러므로 고객의 불만사유가 정당할 때 우리의 잘못을 솔직히 시인하고 고객의 입장에

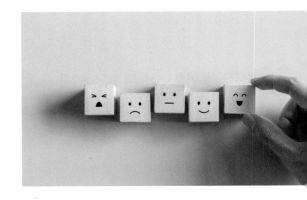

서서 빨리 성의 있는 태도를 보여야 한다. 응대에 앞서 미안해 하는 마음이 있어야 하고, 미안하다는 사과와 함께 말에 이어지는 즉각적인 행동이 있어야 할 것이다.

고객에게 문제가 있는 경우에는 오해로 인해 불만사항이 발생한 경우로서 그 내용이 맞지 않는다 해도 우리에게 잘못이 없다는 고자세로 나가서는 안 된다. 오히려 세심한 주의를 기울여 오해를 풀어주고자 하는 진지한 태도가 필요하다. 오해의 원인이 무엇인지, 단순한 고객의 착각인지, 홍보가 제대로 이루어지지 않아서인지 고객의 입장에서 불만의 요소를 생각해보고 그 대응책을 세우는 것도 필요하다.

구 분	회사문제	고객문제
능동적	**책임이 지적되기 전에 먼저 나서서 처리한다.** • 전화위복의 계기 • 성의, 신용 구축 • 문제를 인정, 책임 • 보상과 대안 제시	**고객의 책임이라도 지적되기 전에 미리 처리한다.** • 신용확대 결정적 계기 • 책임소재에 대해 추궁 말 것 • 회사에 문제가 없는지 객관적으로 다시 돌아본다.
수동적	**회사 책임이 지적되고 나서야 처리한다.** • 사과와 인정 • 최대의 성의와 신속을 발휘 • 빠른 인정과 변명 금지 • 적극적 문제해결, 대안제시	**문제가 표면화된 후에 처리한다.** • 경청한다. • 고객에게 트집잡지 말 것 • 정확한 이유를 설명하라. • 성의 있게 처리하라.

3 불만고객 응대 MTP 기법

1 Man-사람

불만고객은 자신의 문제를 해결해 줄 수 있는 사람과 대화하길 원한다. 때때로 서비스 접점에서 불만을 가진 고객이 "책임자 나오라고 그래." "여기 사장 나와서 이야기하라고 해."라고 표현을 하는 것도 최초의 응대자와 이야기해도 문제가 해결될 것 같지 않기 때문에 이러한 표현을 하면서 해결을 요구하기도 하는 것이다. 그렇기 때문에 최초 응대자가 계속 응대를 하는 것보다는 책임자가 나서서 응대를 해주는 것이 필요하다. 또한 최초 응대자는 본인이 해결할 수 있는 문제인지, 어느 선에서 해결이 가능한지를 먼저 생각하여 해결 가능한 책임자를 선정해야 하며, 가능한 불만고객이 불만을 여러 번 말하는 번거로움을 주게 해서는 안 된다.

2 Time-시간

불만을 가진 고객의 호흡은 다소 빠르고 거칠어져 있는 상태일 가능성이 크다. 흥분한 상태의 고객과 문제에 대해서 바로 이야기 나누는 것보다 시간적인 여유를 가지면서 고객의 호흡을 전환시키려는 노력이 필요하다. 고객의 불만은 어느 정도 시간이 지나면 가라앉는 경우가 많기 때문에 시간을 두는 것이 필요하다. 그렇다고 너무 오래 기다리게 하는 것은 바람직하지 않다. 해결하기 위해 어느 정도 시간이 소요되는지 안내해야 하며, 응대자 또한 이 문제를 언제까지 해결할 것인지 먼저 생각하고 결정하여야 한다. 불만고객에게 화를 진정시키기 위한 시간을 만들기 위해서는 차를 대접할 때 따뜻한 차를 준비하여 고객이 "후~" 불면서 차를 마시며 화를 가라앉힐 수 있게 하는 것도 한 가지 방법에 해당한다.

3 Place-장소

고객이 처음 불만을 제기하는 경우에 오픈된 공간에서 진행될 경우가 많다. 불만고객은 다른 고객들이 보는 오픈된 공간에서 큰소리로 불만을 토로하고 있지만 그와 동시에 창피함을 느끼고 있다고 한다. 그렇기 때문에 큰소리로 불만을 토로하면서도 자신을 빨리 다른 사람이 없는 곳으로 안내해 주길 원한다. 또한 불만고객의 큰소리는 다른 일반 고객에게도 불만을 만들 수 있기 때문에 불만고객이 불만을 토로하면 상담실로 안내를 하여 자리를 이동해 주는 것이 좋다. 또한 자리를 이동하면서 불만고객의 불만은 시간적 여유도 가질 수 있어 시간의 변화를 주는 효과도 함께 가져볼 수 있다.

4 불만고객 응대 HEAT 기법

1 H hear them out

고객으로 하여금 불만사항을 다 털어 놓을 수 있게 끝까지 들어주며, 중간에 변명을 하거나 말을 가로막는 것, 건성으로 듣거나 불성실한 태도를 보이지 않도록 한다.

2 E empathize

고객의 분노를 깊이 공감해주며, 불만을 충분히 들어준다. 이때는 선입견을 버리고 고객의 입장에서 관심을 기울이며 듣도록 한다.

3 A apologize

정중하게 사과한다. "고객님, 불편을 끼쳐드려 정말 죄송합니다."

4 T take responsibility

문제의 해결책을 검토하며, 자신이 파악한 문제의 원인이 맞는지 고객과 확인한다. 문제의 해결방안이 마련되면 친절하고 신속하게 불만을 처리한다.

5 불만고객에게 피하면 좋을 말

1 고객과 함께 흥분하기

"고객님, 왜 저한테 화를 내세요?"라고 말하기보다 "제가 고객님이라면 지금보다 더 했을 것입니다. 저를 봐서라도 진정하시고 좀 더 상세히 말씀해 주시면 안 되시겠습니까?"

2 고객 못미더워 하기

"고객님 말씀이 정말이시라면 우선 제가 확인해보고…"라고 이야기하기보다 "물론 고객님 말씀이 맞으시겠지만, 제가 이 문제를 해결할 방법을 찾을 때까지 저를 믿고 도와주셔야 저도 고객님을 도와드릴 수 있습니다."

3 개인화하기

"누가 처리했는지 모르겠지만, 제가 생각하기로는…"라고 이야기하기보다 "다시한번 회사를 대표해서 사과 말씀 올리겠습니다."

6 불만고객 사례 공유

불만고객 응대 후 해결 자체만으로 그칠 것이 아니라 똑같은 상황의 문제가 재차 발생하지 않도록 사전 예방이 더욱 중요할 것이며, 그로 인한 기업의 이익 창출까지 고려해야 하는 것이 진장한 불만고객 응대처리일 것이다. 그러므로 불만고객 해결 후에는 다시 한번 현재의 업무시스템을 점검하고, 불만고객이 발생된 원인을 분석하여 같은 일이 발생되지 않도록 대응방안을 마련해야 할 것이다. 또한, 직원의 인적 응대와 관련된 불만고객 발생 시에는 특히 직원 모두가 사례를 공유하여 다른 직원들로 하여금 같은 행동이 발생되지 않도록 사전 예방하도록 한다.

09 감정노동에 따른 스트레스 관리

서비스 접점에 근무하는 현장 직원들의 이야기 중에는 처음에는 사람과의 만남이 좋아 서비스 직업을 선택했다고 이야기하지만, 사람 때문에 때로는 상처를 받게 된다고 말하기도 한다. 서비스 직원들은 최접점에서 고객들을 마주 대하고 있기 때문에 흔히 '감정노동자'라고 부르기도 하는데, 개인적으로 힘들거나 슬픈 일이 있더라도 고객에게 표시를 낼 수도 없고, 본인의 실수 또는 담당이 아닌 일도 불만을 접수하면 사과하고 적극적으로 응대하여야 하는 역할들이 따라온다. 이럴 경우 발생하는 업무에 대한 스트레스를 풀지 않고 쌓아두고 있다면 결과적으로는 나에게 부정적인 영향을 미칠 것이다. 감정 노동에 따른 스트레스 관리 또한 서비스 직원들이 갖추어야 할 중요한 역량 중 하나일 것이다.

1 몸 상태에 따른 스트레스 진단

총 30개의 항목으로 구성되어 있다. 현재 나의 몸 상태를 기준으로 해당하는 항목에 체크를 해보자.

- 식후 위가 무거워지는 것을 느낀다.
- 배가 팽팽하거나 아프거나 한다.
- 어깨가 아프다.
- 등골이나 배가 아픈 경우가 있다.
- 좀처럼 피로가 없어지지 않는다.
- 근래 체중이 감소되었다.
- 무엇인가 하면 쉽게 피로를 느낀다.
- 아침에 기분 좋게 일어나지 못하는 경우가 있다.
- 일할 의욕이 생기지 않는다.
- 쉽게 잠들지 못한다.
- 꿈이 많아 선잠을 잔다.
- 새벽 1시나 2시경에 잠을 깬다.
- 갑자기 숨쉬기 힘들어질 때가 있다.
- 가끔 가슴이 두근거릴 때가 있다.
- 가슴이 아파오는 경우가 있다.
- 자주 감기에 걸린다.
- 사소한 일에도 화가 난다.

- 손발이 찰 때가 많다.
- 손바닥이나 겨드랑이에 땀이 난다.
- 사람을 만나는 것이 귀찮아진다.
- 머리가 개운하지 않고 무겁다.
- 눈이 피로하다.
- 가끔 코가 막힐 때가 있다.
- 어지러움을 느낄 때가 있다.
- 가끔 기둥을 붙잡고 서 있을 때가 있다.
- 귀에서 소리가 들릴 때가 있다.
- 가끔 입안에 염증이 생길 때가 있다.
- 목이 아플 때가 있다.
- 혓바닥이 하얗게 되어 있을 때가 있다.
- 좋아하는 음식을 별로 안 먹게 된다.

🔔 진단결과
- 5개 이하 : 정상
- 6 ~ 10개 : 가벼운 스트레스
- 11개 이상 : 과도한 스트레스

2 심리 상태에 따른 스트레스 진단

상황을 한 가지 제시하고자 한다. 상황에 따른 나의 모습을 빈 공간에 그림으로 표현해보자.

비가 오고 있습니다. 하늘에서 비가 오고 있는데, 지금 당신은 어떻게 하고 있습니까?
그 모습을 잠시 그려 볼까요?

3 감정관리 조절능력 진단

10가지 항목에 대해 나의 평소 생활을 토대로 점수를 매겨보자.

 나의 조절 지수는?

조절지수 체크방법

항상-5점, 거의-4점, 보통-3점, 드물게-2점, 결코 아니다-1점

1. 나는 항상 웃는 얼굴로 고객을 대한다.

2. 나는 사람을 만나 대화하는 것을 좋아한다.

3. 나는 업무를 시작하기 전 오늘도 즐겁게 보내리라 다짐을 한다.

4. 나는 기분이 좋지 않더라도 고객에게 내 감정을 드러내지 않는다.

5. 나는 좋고 싫은 감정이 표정에서 잘 드러나지 않도록 한다.

6. 나는 평소에 감정관리나 스트레스 조절능력이 뛰어나다고 생각한다.

7. 나는 기분 나쁜 일이 생겼을 때 바로 털어내는 편이다.

8. 나는 어떤 상황에서도 쉽게 흥분하거나 화를 내지 않는다.

9. 나는 고객과 언쟁이나 맞대응을 하지 않는다.

10. 나는 내가 잘못한 상황에서 사과를 주저하지 않는다.

❗ 진단결과

- 50점 만점 : 정상
- 45점 이상 : 매우 우수
- 40점 이상 : 우수
- 30점 이상 : 보통
- 20점 이상 : 조절이 필요
- 20점 이하 : 조절이 시급

4 스트레스 관리법

자신만의 스트레스 해소법을 가지고 있는가? 각자가 가지고 있는 관리법을 통해 업무에 따른 스트레스를 풀어내고 항상 고객과의 만남을 새롭게 해나간다면 좋을 것이다. 보통 자신만의 스트레스 해소법에 대해, 음악을 듣거나, 노래를 부르거나, 잠을 자거나, 친한 지인들과 이야기를 통해 푸는 방법 등을 이야기하곤 한다. 각자의 방법들과 함께 추천하고 싶은 스트레스 관리법으로 두 가지 방법을 소개하고자 한다.

(1) 마인드 컨트롤

항상 시작이 중요하다. 불만고객이 발생하지 않는다면 더욱 좋겠지만, 하루의 시작에서 '오늘 업무 중 강하게 불만을 제기하는 고객을 만날 수도 있겠구나' 미리 예상하는 것도 도움이 될 것이다. 그리고 불만을 접수했다면 '나의 서비스 응대 실력을 뽐낼 순간이 왔구나' 하고 능동적으로 생각해보거나, 고객의 입장에서 '오죽하면 이렇게까지 이야기하실까' 하고 다시 한번 생각해보자.

그리고 서비스 현장에서의 보람을 느꼈던 경험들을 회상해보며, 지금 이 순간이 내 감정과 건강을 상하게 할 중요한 시간이 아님을 확신해보며, 호흡이 다소 불규칙해져 있다면 심호흡을 통해 나의 감정을 관리해보자.

(2) 기록 관리

우선 종이와 펜을 준비하고 독립된 공간으로 잠시 이동하여 종이에 현재 나의 감정 상태와 이유에 대해 적어보자. 그리고 감정 상태에 대해 해결할 수 있는 부분과 없는 것을 객관적으로 분류해보자. 해결할 수 있는 부분은 적극적으로 방법을 찾아보고, 해결할 수 없는 부분에 대해서는 과감하게 버려보라.

문제를 적어보다 보면 자신을 객관적으로 돌아볼 수 있는 시간을 가질 수 있게 된다. 객관적으로 바라보다 보면, 그것은 이미 지나간 일, 해결되고 마무리된 일임을 돌아볼 수 있게 된다. 마무리된 일을 가지고 계속적으로 스트레스를 받을 이유가 없음을 스스로 납득하며 풀어버릴 수 있는 계기가 될 것이다.

갑질 고객 무릎 꿇으라 요구 땐 "더 응대 말라"

"고객이 무릎을 꿇고 사과하라고 요구한다면 단호한 어조로 '무리한 요구를 지속하신다면 저희로서는 더 이상 응대가 곤란하다. 응대를 종료하겠다'고 말하라."

롯데백화점이 폭력적 행위를 하거나 무리한 요구를 하는 악성 고객에게서 현장 직원을 보호하기 위해 고객 응대 매뉴얼인 '존중받을 용기'를 제작해 15일 수도권 점포를 중심으로 배포하고 24일 모든 점포의 고객상담실에 비치한다고 23일 밝혔다. 롯데백화점 관계자는 "최근 '감정노동자보호법'이라 불리는 산업안전보건법 개정안이 국회를 통과해 올해 10월 시행을 앞두게 됨에 따라 고객과의 문제 발생 시 대처 방안 등이 주목받고 있다."며 "감정노동자에 대한 사회 이슈에 선제적으로 대응하고, 현장에서 고객과 문제가 발생할 경우 대응 방법을 알려주기 위해 업무 매뉴얼을 마련했다."고 설명했다.

유통 기업들은 회사별로 고객 응대를 위한 가이드라인을 정해 놓고 있으나 대부분 고객들의 쇼핑을 위한 편의, 혜택 등을 위주로 한 지침이어서 고객의 과도하거나 무리한 요구 등으로 인한 문제 상황 대응법은 부족하다는 지적이 있었다. 현장 직원들은 '서비스직 종사자'라는 특성 때문에 고객의 지나친 요구나 폭언, 협박 등 비상식적인 행동에 제대로 대응하지 못했던 경우가 많았다.

이에 롯데백화점은 지난해 말 고객 응대 매뉴얼을 제작하기로 결정한 뒤 현장 직원들의 목소리를 반영하고 보다 실질적인 도움을 주기 위해 올 2월부터 전 점포 고객 상담실 직원을 대상으로 고객과의 상담 과정에서의 애로사항을 받았다. 또 롯데백화점 법무팀 및 한국감정노동인증원 외 외부기관들의 의견을 받아 검수 작업도 진행했다.

롯데백화점의 이번 매뉴얼은 우선 '악성 컴플레인 제기 고객'을 뜻하는 '특별 관심 고객ECC·Extra Care Customer'을 정의하는 판단 기준과 그 유형에 대해 작성돼 선입견을 배제한 고객 판단 기준을 확립했다. 고의성·억지성·상습성·기만성·과도성·비윤리성으로 구분해 세부기준과 처리방향을 정했다. 예를 들어 고의적으로 억지를 부리는 고객의 경우 5만원 이하 등 상식적인 선에서 보상을 요구한다면 악성 고객으로 분류하지 않고 협의 및 보상을 진행하지만 거짓말이나 과도하고 비윤리적인 행동을 하는 고객이라면 악성고객으로 분류해 일체 협의 보상을 진행하지 말라는 지침을 담았다.

또 고객에 대한 '응대 방법' '응대 테크닉' 상황별 참고 법령'도 알려준다. 구체적으로는 ▲친절하되, 필요 이상의 저자세는 지양해라. ▲고객 불만에 대해 감정적인 응대 태도와 자극적 멘트는 지양하라. ▲중요한 것은 고객이 화가 난 감정에 대해 공감이지 동의가 아니다. ▲무리한 요구에 대해 수락한다는 의미의 피드백은 지양하라. ▲무리한 요구를 하는 고객의 경우 중요한 것은 신속한 대응 태도이지 신속한 해결이 아니다. 성급하게 해결책 제시나 약속을 하면 안 된다 등의 지침이 담겼다.

악성 고객의 유형에 따른 지침도 있다. 매장이나 상담실을 방문해 요구사항이 해결될 때까지 험악한 분위기를 조성하고 집요하게 업무를 방해하는 '대면형'의 경우 녹음 녹화로 증거확보 → 고객진정 → 장소전환다른 장소로 유도 → 절차안내추후 약속 유도 등의 절차를 따르도록 주문했다.

객관적인 근거 없이 상식에서 벗어난 주관적 논리로 무리한 요구를 하는 '억지형'은 반복적이고 구체적인 질문을 하게 했다. 예를 들어 "식품관에서 홍삼을 샀는데 품질이 별로이니 반품해달라."고 요구하면 "고객님, 죄송하지만 어떤 면에서 품질이 별로라고 생각하셨는지 구체적으로 말씀해주시겠습니까?"라고 응대하는 식이다.

개선이나 사과를 받아들이지 않으며 보상을 목적으로 고의적인 항의를 제기하는 '보상형' 악성고객이 "성의를 보여라"고 요구한다면 "고객님께서 말씀하시는 성의가 무엇인지 말씀해주실 수 있을까요?"라고 묻도록 했다. 또 언론이나 블로그 등에 피해 내역을 유포하겠다고 협박하는 고객에 대해서는 '지나친 저자세를 삼가고 권한 밖의 무리한 요구에 단호하게 대응하라'고 명시했다.

무릎을 꿇으라고 요구하는 이른바 '갑질 고객'에 대해서는 아예 응대를 종료할 수 있다는 내용도 있다. 단호한 어조로 "무리한 요구를 지속하신다면 저희로서는 더 이상 응대가 곤란하다. 응대를 종료하겠다."고 말한 뒤 응대를 종료해도 된다는 것이다.

⋮

중략

출처: 한국일보 2018.08.23.

1. 최근 경험한 서비스 중 가장 불쾌한 서비스는 무엇이었나? 그럼 이 문제는 회사문제, 직원문제, 고객문제 중 어디에 해당하는 내용인가?

2. 불쾌한 서비스를 받고 직원에게 표현을 했는가? 표현을 했을 때 직원의 응대는 어떠했는가?

3. 기업에서 불만고객 관리를 위해 다양한 방법들을 적용, 실천하고 있다. 현재 기업에서 적용하고 있는 사례를 수집하여 공유해보자.

210

고객서비스실무

파트너와 짝을 이루어 한 명은 고객, 한 명은 응대자가 되어 다음에 주어지는 상황에 따라 실전과 같은 태도로 응대해보자.

1. 실내온도가 너무 춥다고 말하는 고객과 직원

2. 옆 자리의 고객이 시끄럽다고 불만 제기한 고객과 직원

3. 장시간의 대기로 불만 제기한 고객과 직원

Chapter
09

고객접점(MOT)

CUSTOMER

SERVICE

고객접점(MOT)

이 장을 읽기 전 아래의 문항에 답해 보시오.

1. 서비스경영에 있어 100 – 1 = 0이다.

    YES   NO

2. 고객접점에서 Hardware는 크게 중요한 요소가 아니다.

    YES   NO

3. M.O.T는 진실의 순간을 말한다.

    YES   NO

01 MOT의 유래

MOT_{Moment of Truth}란 스페인의 "Moment De La Verdad"를 영어로 옮긴 것인데, 투우 경기에서 투우사와 소가 일대일로 대결하는 최후의 순간에 긴 창으로 소의 급소를 찌르는 순간을 말하며, 이는 '피하려 해도 피할 수 없는 순간' 또는 '실패가 허용되지 않는 매우 중요한 순간'을 의미한다. MOT는 1984년 스웨덴의 마케팅 학자인 리차드 노만이 그의 저서 「서비스관리」에서 처음으로 사용하면서 알려지기 시작했다.

MOT는 '진실의 순간'이라고 통상적으로 번역하지만 '결정적 순간'이라는 의미가 더욱 적합한 의미로 쓰일 수 있으며, MOT를 다른 말로 고객접점이라 표현하기도 한다.

고객과의 만남뿐만 아니라, 고객으로부터 전화를 받는 순간, 고객을 응대하는 순간, 고객이 원하는 제품을 찾기 위해 물어보는 순간 등 고객과 접촉하는 모든 순간들을 고객접점 또는 MOT라 표현할 수 있겠다.

02 MOT의 도입

MOT의 개념을 서비스 분야에 도입하여 성공한 사람은 바로 스칸디나비아 항공사의 얀 칼슨 사장이다. 1981년 적자로 어려움을 겪고 있던 스칸다나비아 항공 SAS_{Scandinavia Air System}사에 39세 젊은 나이에 사장으로 취임한 그는 무엇이 회사 경영의 문제인가에 대하여 고심한 끝에 MOT 분석과 실천을 통하여 해결하고자 하였다.

스칸디나비아 항공에서 대략 한 해에 천만 명의 고객이 각각 5명의 직원들과 접촉했으며, 1회 응대시간은 평균 15초였다. 따라서 고객의 마음속에 1년에 5천만 번 회사의 인상을 새겨넣는 것이다. 칼슨은 15초 동안의 짧은 순간 순간이 결국 스칸디나비아 항공의 전체 이미지, 나아가 사업의 성공을 좌우한다고 강조하였다. 이러한 결정적 순간의 개념을 도입한 칼슨은 스칸디나비아 항공을 불과 1년만에 연 800만 달러의 적자로부터 7,100만 달러의 흑자경영으로 전환시켰으며, 1983년도 '올해의 최우수 항공사', 1986년도 '고객서비스 최우수 항공사'로 선정되었다.

03 MOT 공식

통나무 조각으로 만든 물통이 있다고 가정해 보자. 이 통나무 물통은 여러 조각의 나뭇조각을 묶어서 만들었기 때문에 어느 한 나뭇조각이 깨지거나 높이가 낮으면 그 낮은 나뭇조각의 높이만큼밖에 물이 담기지 않는다. 마찬가지로 고객은 고객접점에서 경험한 서비스 중 가장 불량한 서비스를 유난히 잘 기억하고 그 기업을 평가하는 데 중요한 잣대로 삼는 경향이 있다.

고객접점 MOT 공식은 100 - 1 = 99가 아닌 100 - 1 = 0이다.

100번의 고객접점에서 99번 만족하더라도 고객이 1번의 접점에서 불만을 느끼면 고객의 종합만족도는 99점이 아니라 0점이 된다는 것이다. 따라서 고객이 우리 회사에 들어와서 업무를 보고 나갈 때까지 접하는 접점의 어느 한 곳에서라도 불만스러운 일이 없도록 고객접점 관리에서 명심해야 할 사항이다.

04 고객접점의 3요소

서비스 접점은 크게 하드웨어, 소프트웨어, 휴먼웨어 등 3개 요소로 이루어진다. 세 가지 요소 가운데 휴먼웨어가 인간적 접점이고 하드웨어와 소프트웨어는 인간 외적인 접점이다. 우선적으로 기업의 전 직원들은 고객에게 친절을 실천해야 하며, 나아가 접점 직원들은 인간 외적인 접점을 효과적으로 함께 관리해야 한다.

1 Hardware시설

Physical evidense물리적 증거 - 시설이나 설비, 즉 고객이 보고 느끼고 체험하는 공간

㉞ 상품, 건물, 사무실 분위기, 환경 주차장, 시설 등

2 Software운영시스템

Process절차 - 고객이 접하는 서비스 시스템

㉞ 업무처리절차, 업무처리기간, 정보제공, 출입절차 등

3 Humanware 인적 시스템

People - 고객이 느끼는 직원의 고객지향도

예 표정, 대화, 용모, 복장, 전화응대, 자세, 태도 등

인간적 접점	접점 구분	인간 외적 접점
• 문의전화를 받는 직원이 친절하게 전화를 받는다. • 고객이 묻는 질문에 자세한 답변을 해준다.	문의전화	• 전화 연결 멘트로 전화건 곳을 바로 확인할 수 있다. • 전화가 즉시 연결된다.
• 주차장 관리인이 친절하다. • 고객에게 적극적이고 따뜻한 맞이 인사를 실시한다.	방문	• 입구는 넓고 깨끗하며, 주차장을 찾기 쉽다. • 안내 데스크는 넓고, 편안한 높이이다.
• 접점 직원은 고객의 질문에 성실하게 답변해준다. • 고객에게 공손한 화법과 태도를 보이고 있다.	응대	• 대기시간이 짧다. • 대기공간이 편안하다. • 내부시설이 찾기 편리하게 되어 있다.
• 서비스를 이용하면서 불편한 사항이 없었는지 물어보고 관심을 가져준다. • 고객이 나갈 때까지 안내하며 공손한 배웅인사를 실시한다.	배웅	• 결제시스템이 편리하고, 신속하게 처리된다. • 주차권 발행이 이루어진다.

05 MOT 고객접점 관리

1 MOT 사이클의 종합적 관리

일반적으로 MOT는 고객이 직원과 접촉하는 순간에 발생하지만, 앞서 이야기한 바와 같이 광고를 보는 순간이나 명세서를 받는 순간 등과 같이 조직의 여러 자원과 직·간접적으로 접하는 순간도 포함된다. 이러한 결정적 순간들이 하나 둘씩 모여 전반적인 서비스 품질이 결정된다. 따라서 서비스 제공자들은 고객을 대하는 단 몇 초 안에 고객들로 하여금 최선의 선택이 되도록 해야 한다. 따라서 서비스 기업은 고객과 맞이할 수 있는 모든 서비스 접점을 확인하고 일련의 서비스 접점 사이클을 종합적으로 관리할 수 있는 방안을 모색해야만 한다. 이전의 서비스 접점에서 만족한 고객이라도 서비스 접점 사이클 중 어느 하나에 만족스럽지 못하거나 좋지 않은 기분을 느낀다면 그 기업은 이미 고객을 잃어버리고 난 후이다. 사소하게 생각하는 작은 접점 한 부분이 바로 회사의 운명을 좌우할 수도 있다.

항공서비스의 MOT 사이클 예시

OUT   IN

check-in
서비스 사이클

① 정보를 얻기 위해 전화했을 때
② 예약할 때
③ 공항 카운터에 다가갔을 때
④ 순서를 기다리고 있을 때
⑤ 탑승권 판매직원과 카운터에서 만났을 때
⑥ 요금을 지불하고 탑승권을 받을 때
⑦ 출발 입구를 찾고 있을 때
⑧ 보안 검사대를 통과할 때
⑨ 출발 라운지에서 출발을 기다릴 때
⑩ 티켓을 건네고 탑승할 때
⑪ 탑승하여 승무원의 환영을 받을 때
⑫ 좌석을 찾고 있을 때
⑬ 수화물 보관소를 찾고 있을 때
⑭ 좌석에 앉았을 때

접점별 이미지를 관리하기 위해서는 고객의 접점을 먼저 분석하는 것이 필요하다.

첫 번째로, 우리 회사에 방문하는 고객의 이동경로를 체크하여 평균적인 사이클을 만든다. 이 사이클은 MOT 분석을 하는 데에도 많은 도움이 된다.

둘째로, 각각의 접점에서 고객이 회사에 대해 느끼게 되는 인상과 느낌에 대해서 점검하고 고객의 입장에서 보완점을 모색한다.

셋째로, MOT를 통한 분석된 결과가 대기시간 동안 접하게 되는 편의시설 중 음료의 준비 미비가 지적되었다면, 특색에 맞는 차를 준비하여 고객에게 제공할 수 있도록 기획안을 작성한다.

넷째로, 실행이 결정된 기획안의 내용을 충실하게 이행한다. 즉, 고객의 요구도가 있는 음료를 분석하여 제공해 드릴 수 있도록 준비하고 실행하는 단계이다.

다섯째로, 보완하여 실행하고 있는 부분을 분석하여 재시정 또는 검토해야 하는 부분을 없는지 재조사한다. 이렇듯 고객이 만족할 때까지 작은 곳 하나까지도 섬세하게 관리하고 점검하는 것이 필요하다.

 병원의 MOT 사이클 예시

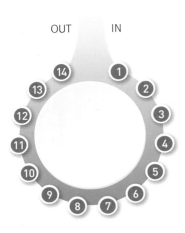

① 병원 홈페이지를 검색할 때
② 병원에 예약전화를 할 때
③ 병원 주차장에 주차할 때
④ 병원 문을 열고 들어갈 때
⑤ 병원 데스크에서 예약 확인할 때
⑥ 대기할 때
⑦ 병원 진료실에 들어설 때
⑧ 검사실로 들어갈 때
⑨ 입원수속을 밟을 때
⑩ 직원이 입원실을 안내할 때
⑪ 입원실에 들어갈 때
⑫ 퇴원수속을 밟을 때
⑬ 의료비를 정산할 때
⑭ 병원 문을 나설 때

2 고객의 입장에서 MOT 관리

접점의 직원 입장에서 빠지기 쉬운 함정 중 하나는 자신이 모든 고객의 기대와 요구를 확실히 파악하고 있다고 생각하는 것이다. 고객과 직원 간의 입장 차이를 다음의 사례를 통해 살펴보자.

컨벤션 센터 또는 호텔에서 열리는 세미나의 휴식시간에 우선적으로 고려해야 할 5가지 요소를 조사하였다. 세미나 참석자들은, 커피나 홍차가 준비되어 있을 것, 신속하게 나갔다가 다시 돌아올 수 있을 것, 화장실이 가까이 있어서 빠른 시간 내에 이용할 수 있을 것, 자기 사무실에 손쉽게 연락을 취할 수 있도록 전화가 있을 것, 다른 참석자들과 대화를 나눌 수 있는 충분한 공간이 있을 것과 같은 순서로 중요도를 평가하였다. 반면에 연회 담당 매니저들은 동일한 질문에 다른 답변을 하였는데 이들이 제시한 주요 5대 항목은 따뜻하고 향이 좋은 커피를 제때 내놓을 것, 롤과 머핀, 신선한 과일, 주스 등 다과류를 준비할 것, 서비스 장소를 멋있게 꾸밀 것, 깨끗하고 흠집이 나지 않은 식기를 사용할 것, 깨끗한 테이블을 적절히 배치할 것 등이었다.

이처럼 서비스 직원과 고객의 기본적 시각이 다른 경우가 많기 때문에 MOT를 효과적으로 관리하기 위해서는 항상 고객의 관점에서 고객의 목소리에 귀를 기울여야 한다.

 확인해 볼까요?

✅ 파트너와 서비스기업 한 곳을 선정하고 고객과 직원으로 역할 분담을 하여 서로의 입장에서 상황을 작성하여 보자.

고객 입장	응대상황	직원 입장
	맞이	
	응대	
	배웅	

3 고객접점 설계

고객접점 설계는 서비스를 고객 중심으로 개선하기 위해서 행하게 된다. 고객 관점에서 우리 기업의 서비스 현황과 문제점을 파악하여 정리, 분석하고 각 팀 혹은 부서 단위로 실천할 수 있는 고객서비스 내용을 매뉴얼화하는 것을 말한다. 고객 중심의 고객접점을 만들어가는 과정은 다음 다섯 단계로 진행된다.

❀ **1단계** 고객 입장에서 걸어본다.

고객의 관점에서 우리 기업과 만나는 시작부터 끝까지의 접점을 찾아본다. 고객접점은 우리 기업을 접촉하기 전 단계에서부터 시작되며, 서비스가 이루어지는 단계와 사후 서비스 단계로 구분해서 생각해 본다. 고객접점 요소상으로는 하드웨어, 소프트웨어, 휴먼웨어적인 요소로 구분해서 고려해 보도록 하며, 접점 진행 소요시간을 체크하여 오래 걸리는 시간은 개선해 나간다.

❀ **2단계** 고객접점 단위를 설계한다.

기업 내 각 부서의 고객접점 특징을 파악하여 고객접점의 단위를 구분하고 고객접점 단위를 정의한다.

단 위	세부 접점
PR	광고, 홍보, 홈페이지, 명함, DM, 이벤트 등
이미지	전체 이미지, 간판, 청결성 등
리셉션	현관, 리셉셔니스트, 예약 절차 등
대기실	인테리어, 편의시설, 조명, 온도, 습도 등

❀ **3단계** 우리 팀의 고객접점 사이클을 찾는다.

고객 관점에서 만나게 되는 우리 팀의 고객접점 사이클을 정의한다. 우선적으로 고객접점을 리스트화하여 고객이 서비스를 받는 시점부터 서비스 완료 시점까지를 정리한다. 이 과정에서 서비스 접점에서 불량 포인트가 있는가를 고객의 입장에서 분석한다.

✿ **4단계** 나의 고객접점 시나리오를 만든다.

고객접점 사이클 중에서 나의 고객접점 사이클을 찾아서 고객접점 시나리오를 만든다. 시나리오 작성 시에는 표준안을 구체적이고 세세하게 기록하도록 한다.

✿ **5단계** 새로운 표준안대로 행동한다.

각 접점 단위별로 고객접점 표준안을 만들고, 팀별로 표준안대로 훈련하고 행동한다.

표 9-1 **시나리오 예시**

기존의 전화응대안	개선된 전화응대 표준안
1. 전화를 신속하게 받는다. 2. 안내를 친절하게 한다. 3. 정보를 정확하게 전달한다.	1. 전화벨이 3회 이상 올리기 전에 받는다. 2. "감사합니다. ○○호텔 ○○○입니다." 등(인사말, 소속, 본인 이름) 표준화법으로 똑바로 인사한다. 3. 담당자 부재 시 전화메모 전용지를 사용한다(전화시간, 용건내용, 전달자 등). 4. 상담목소리는 듣기 편한 목소리를 사용한다(파-솔 톤). 5. 전화 교환 시 "잠시만 기다려 주시겠습니까?" 6. 끝인사는 "감사합니다. 안녕히 계십시오." 등 밝은 목소리로 인사한다. 7. 수화기는 상대방이 먼저 놓고 나서 끊는다.

4 고객접점 서비스 평가 관리

고객접점 서비스를 평가하는 방법에는 고객만족도 조사와 모니터링 방법이 있다.

(1) 고객만족도 조사

고객만족도 조사는 고객에게 기업 서비스에 대하여 얼마나 만족하는가를 조사하는 것이다. 고객만족도 조사는 일정 기간마다 고객만족도를 조사하는 방법, 업무를 마치고 가는 고객을 대상으로 그때그때 서비스에 대한 만족도를 조사하는 방법도 있다. 고객만족도 조사는 대개 설문지를 이용하는데 고객에게 직접 작성하게 하거나 전화로 조사하는 방법이 있다. 고객만족도를 조사하는 목적은 정기적으로 만족도를 분석하여 기업의 서비스 품질을 평가하고 개선하기 위한 자료로 활용하기 위한 것이다.

(2) 모니터링

모니터링이란 서비스의 품질을 직접 관찰하고 관찰 결과를 토대로 평가하는 것을 말하며, 여기에는 미스터리 쇼핑과 전화 모니터링이 있다.

1 미스터리 쇼핑

미스터리 쇼핑mystery shopping은 일명 '암행감사'라고 부르기도 한다. 일반 고객으로 가장한 쇼퍼shopper가 일선 매장에서 실제 물건을 사면서 직원의 친절도, 외모, 판매기술, 사업장 내의 제품 품질 및 청결도 등을 면밀히 점검하여 의뢰고객에게 평가 결과를 제출하는 것을 말한다.

2 전화 모니터링

고객을 가장하여 전화를 해봄으로써 전화접점에서의 고객응대 태도, 문의에 대한 정확하고 친절한 설명, 불평고객 응대기술 등을 평가하고 이를 개선하기 위한 방안을 마련할 수 있다.

06 MOT 체크리스트

1 Hardware시설 체크리스트

구분	MOT	항목	배점		
			3	2	1
하드웨어	주변환경	1. 고객이 병원의 위치를 쉽게 찾을 수 있는가			
		2. 자가차량을 이용할 경우 주차시설이 편리하게 되어 있는가			
		3. 병원 간판이 눈에 잘 띄는가			
	입구	4. 병원의 입구를 찾기 쉬운가			
		5. 진료시간 안내 표지판이 붙어 있는가			
		6. 우산꽂이가 배치되어 있는가			
	인테리어	7. 벽지의 색이 너무 화려하지 않은가			
		8. 실내의 조명이 너무 밝지 않은가			
	대기실	9. 대기실 소파가 편안한가			
		10. 대기실 정돈이 잘 되어 있는가			
		11. 실내의 온도가 적절한가			
		12. 정수기, 차, 음료 등이 준비되어 있는가			
		13. 장시간 대기고객을 위한 인터넷, 잡지, 책 등의 편의시설이 준비되어 있는가			
		14. 차별화된 부대시설이 있는가			
		15. 병원 진료과목 홍보물이 눈에 띄게 전시되어 있는가			
	접수대	16. 접수대가 비어 있지 않은가			
		17. 접수대 주변이 혼잡하지 않은가			
	진료실	18. 진료실의 환경이 청결한가			
		19. 진료실의 의자가 불편하지 않은가			
		20. 진료실 침대가 너무 딱딱하지 않은가			
		21. 고객의 소지품을 올려놓을 공간이 마련되어 있는가			
	검사실	22. 검사실의 환경이 청결한가			
		23. 검사장비가 낡지 않았는가			
		24. 프라이버시를 보호받을 수 있는 환경이 조성되어 있는가			
	화장실	25. 유아를 위한 변기 등의 시설이 설치되어 있는가			
		26. 악취가 나거나 변기가 막혀 있지 않은가			
		27. 휴지가 넉넉히 구비되어 있는가			
		28. 바닥이 미끄럽거나 더럽지 않은가			
		29. 방향제가 설치되어 있는가			
		30. 비누와 손소독기가 비치되어 있는가			

• 225

2 Software운영시스템 체크리스트

구분	MOT	항목	배점		
			3	2	1
소프트 웨어	예약	1. 전화 예약 시 통화 연결음이 병원 소개 멘트로 되어 있는가			
		2. 고객을 위한 예약 ARS시스템이 구축되어 있는가			
		3. 예약 여부, 예약시간 등을 신속히 확인할 수 있는가			
		4. 예약시간이 특정 시간대로 치우치지 않는가			
	접수	5. 접수가 신속히 이루어지는가			
		6. 신환일 경우 고객에 따른 맞춤 안내를 실시하는가			
		7. 구환일 경우 고객을 위한 배려가 있는가			
		8. 동명이인의 차트를 구별하여 정리되어 있는가			
		9. 고객 신상명세에 대해 비밀 보장이 철저한가			
	대기	10. 예약환자와 당일 접수환자에 대한 시간 분배가 적절히 이루어 지는가			
		11. 대기시간이 최대 20분 이내인가			
		12. 대기시간 지연 시 고객에게 양해와 협조를 구하는가			
		13. 장시간 대기고객의 불평에 대한 대처방안을 마련해두었는가			
	고객 관리	14. 고객 소리함이 설치되어 있는가			
		15. 고객 소리함에 적힌 불편사항을 공개하고 개선하는가			
		16. 고객 문의에 대한 명료한 설명을 하는가			
		17. 병원을 주위 사람에게 소개할 경우 고객에게 혜택이 있는가			
		18. 게시판을 활용해 내외적인 화제나 병원의 행사를 알리는가			
		19. 직원의 소개로 고객이 찾아온 경우 직원에게 보상을 하는가			
		20. 자가차량으로 내원한 경우 주차 여부를 묻고 주차증을 발행하는가			
		21. 병원 홈페이지 게시판 질문에 신속한 답변을 하는가			
	수납	22. 처방전을 진료 후 신속히 발급해 주는가			
		23. 수납이 신속히 이루어지는가			
		24. 카드 결제가 가능한가			
		25. 현금영수증 요구 시 즉시 발급해 주는가			
		26. 다음 진료에 대한 예약이 신속히 이루어지는가			
	기타	27. 병원을 구역별로 나누어 담당직원이 관리하도록 하는가			
		28. 이달의 친절직원 등을 뽑아 직원의 사기를 높여주는가			
		29. 의사가 고객의 증상을 미리 알고 진료가 이루어지는가			
		30. 심야진료에 대한 준비가 철저한가			

구분	MOT	항목	배점		
			3	2	1
휴먼웨어	전화응대	1. 인사말과 병원명을 밝히면서 응대하는가			
		2. 통화 음성이 밝고 친절한가			
		3. 벨이 3번 이상 울린 후 전화를 받았을 때 사과의 멘트를 하는가			
		4. 병원의 위치를 직원이 숙지하고 있는가			
		5. 진료시간과 진료비 문의에 직원은 친절하게 답변하는가			
	접수	6. 방문고객을 반가운 인사말로 맞이하는가			
		7. 대기고객이 많을 시 예상 대기시간에 대해 안내하는가			
		8. 고객과 눈을 마주치고 미소 띤 얼굴로 대화하는가			
		9. 직원이 업무 외에 사적인 일을 하고 있지 않는가			
		10. 직원이 사적인 통화로 고객의 접수에 소홀하지 않은가			
		11. 프라이버시를 고려하지 않은 채 큰 목소리로 질문하지 않는가			
	진료	12. 진료 공포에 대해 고객이 안심할 수 있도록 해주는가			
		13. 진료비 외에 추가로 발생되는 비용에 대한 자세한 설명을 하는가			
		14. 고객에게 치료과정에 대해 자세히 설명하는가			
		15. 진료가 끝났을 경우 고객에게 "수고하셨습니다." 등의 말을 건네는가			
	수납	16. 다음 진료의 예약과 비용에 대한 사전 안내가 있는가			
		17. 처방전을 받고 약국의 위치를 물을 경우 자세한 설명을 해주는가			
		18. 다음 예약일정에 대해서 다시 한번 반복 확인해 주는가			
		19. 고객의 카드나 신분증을 두 손으로 정중하게 다루는가			
		20. 치료 결과의 만족도 여부를 확인하는가			
	용모	21. 화장을 짙게 하지 않았는가			
		22. 손톱이 길거나 매니큐어를 튀는 색으로 바르지 않았는가			
		23. 유니폼은 구김이 없으며 청결한가			
		24. 명찰을 착용하였는가			
	친절도	25. 자리에서 일어서서 고객을 배웅하는가			
		26. 고객의 말을 중간에 자르지 않는가			
	태도	27. 껌이나 음식물을 입안에 넣은 채로 고객과 대화하지 않는가			
		28. 동료 간에 잡담 또는 고객에 대한 험담을 하지 않는가			
		29. 고객의 말에 귀 기울이며 경청하는가			
		30. 고객에게 자리를 권유, 안내하는가			

• 227

아래는 병원의 MOT 상황에 따른 표준 화법을 작성해놓은 것이다. 상황에 따른 표준 멘트를 완벽히 암기하여 실전과 동일하게 응대해보자.

MOT 상황	표준 응대 화법
맞이인사	안녕하십니까? ○○○병원입니다. (30도 인사) 무엇을 도와 드릴까요? 저희 병원에 처음이십니까? 저희 병원에서는 원활한 진료를 위해 고객정보를 받고 있습니다. 번거로우시겠지만, 고객작성지에 정보를 작성해 주시겠습니까? 예~감사합니다.
대기실	○○○님, 원장님께서 진료 중이십니다. 대기실에서 잠시만 기다려 주시겠습니까?
진료실 안내	○○○님, 기다려주셔서 감사합니다. 이쪽으로 오시겠습니까?
진료실에서	○○○님, 이쪽으로 앉으시겠습니까? ○○○님, 오늘 진료해주실 ○○○원장님입니다. 원장님 진료받을 ○○○님입니다. 오늘 다리 통증으로 오셨습니다.
진료 후	○○○님 오늘 진료받으시면서 불편한 점 없으셨습니까? 오늘은 진료비가 15,000원입니다. 예~감사합니다. 15,000원 받았습니다. 여기 처방전이 있습니다. 가까운 약국에 가셔서 구입하십시오.
재방문 예약	○○○님 다음 진료예약을 해드리겠습니다. 12일 금요일, 오전 10시와 오후 3시 어느 쪽이 괜찮으십니까? 예~12일 금요일 오전 10시로 예약해 드리겠습니다.
배웅인사	○○○님 12일에 뵙겠습니다. 안녕히 가십시오. (30도 인사)

팀원과 함께 서비스기업 한 곳을 선정하여 서비스 응대를 관찰하자.

1. MOT 사이클을 분석해보자.

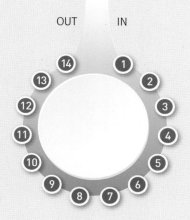

OUT   IN

2. 각 접점별 체크리스트를 만들고 평가해보자. (5점 척도)

<매우우수, 우수, 보통, 미흡, 매우미흡>

3. 체크리스트를 토대로 개선할 포인트를 작성하여 보자.

고객 서비스 **실무**
Customer Service

 # 참고문헌

- 365일 고객서비스 이것이 기본이다. - 현대미디어, 장수용
- CS LEADERS 관리사 - 한국CS표준교육센터, CS리더스자격연구회 이점희 외 공저
- CS는 행동이다. - 두남, 참CS
- http://www.idisc.co.kr/ 행동유형진단프로그램 DiSC
- http://www.mbti.co.kr/ 한국MBTI연구소
- 감성정부 측정 지표의 개발 : 근무 복장과 태도를 중심으로, 이대희(광운대)
- 관광과 서비스 - 대왕사, 박정준 외 5인
- 메리어트의 서비스 정신(THE SPIRIT TO SERVE)
- 모든 것을 고객 중심으로 바꿔라. - 살림지식총서 122, 안상헌
- 병원서비스코디네이터 실전워크북 - 한국서비스진흥협회, 김준호
- 병원코디네이터 실무 - 포널스출판사, 최영숙 외 공저
- 병원코디네이터 실무 - 한국보건의료교육센터, 권정선 외 공저
- 새뮤얼 헌팅턴 <문명의 충돌>
- 서비스경영 - 연세대학교 출판부, 허은아 외 공저
- 알버트 메라비언(Albert Mehrabian) 1970년 <Slient Message>
- 외교통상부 http://www.0404.go.kr
- 정규엽의 Hotel Hospitality Marketing
- 컬러 스타일북, 황정선
- 호텔 · 외식 · 관광마케팅 - P. Kotler · J. T. Bowen, J. C. Makens, 석정, 2010.

고객 서비스 **실무**
Customer Service

저자소개

심윤정

호텔관광경영학 박사이며, 17여 년간 기업체 및 관광서 등 산업현장에서 서비스강의를 하여 왔고, 방송과 칼럼기고를 통해 CS의 중요성을 알려왔다. 현재 기업강사 및 대학에서 외래교수로 활동 중이며, 저서로는 고객서비스실무 외 글로벌매너와 에티켓, CS강사 마스터하기, CS관리실무 등 다수가 있다.

신재연

비즈니스 현장에서 CS컨설팅을 진행해온 서비스 전문가이자 한국서비스교육연구원 원장으로 기업교육 컨설팅과 서비스관련 자격 인증을 시행하고 있으며 전문 서비스 인재 양성을 위해 교육원을 운영 중이다(www.ksec21.co.kr). 그 외 울산대학교 평생교육원 외래교수, 소상공인진흥원 창업도우미로 위촉되어 활동 중이다.

고객 서비스 **실무**

초판 1쇄 인쇄 2013년 3월 10일
4판 1쇄 발행 2021년 2월 25일

저 자 심윤정 · 신재연
펴낸이 임순재
펴낸곳 (주)한올출판사
등 록 제11-403호
주 소 서울시 마포구 모래내로 83(성산동 한올빌딩 3층)
전 화 (02) 376-4298(대표)
팩 스 (02) 302-8073
홈페이지 www.hanol.co.kr
e-메일 hanol@hanol.co.kr
ISBN 979-11-6647-038-7

고객 서비스 **실무**
Customer Service